I0169014

* * *

LES COMMUNES MIXTES

ET

LE GOUVERNEMENT DES INDIGÈNES

EN ALGÉRIE

PARIS

Augustin CHALLAMEL, Éditeur

17, RUE JACOB

Librairie Maritime et Coloniale

—

1897

LES COMMUNES MIXTES

ET

LE GOUVERNEMENT DES INDIGÈNES

EN ALGÉRIE

Lĸ 8
1846

★ ★ ★

LES COMMUNES MIXTES

ET

LE GOUVERNEMENT DES INDIGÈNES

EN ALGÉRIE

PARIS

Augustin CHALLAMEL, Éditeur

17, RUE JACOB

Librairie Maritime et Coloniale

—

1897

LES COMMUNES MIXTES

ET

LE GOUVERNEMENT DES INDIGÈNES

EN ALGÉRIE

I. Ce que c'est que la commune mixte. — II. La commune mixte répond-elle à son objet? — III. Essai d'une réforme : organisation des territoires indigènes. — IV. Conséquences générales de cette réforme : l'assimilation des indigènes et la domination française.

Les communes mixtes forment la plus grande partie du territoire algérien.

Elles constituent un rouage politique important, avec un programme déterminé et un personnel spécial. Quoique leur organisation soit en principe transitoire, elles ont encore devant elles une longue existence, car la phase de transition en vue de laquelle elles ont été créées n'est pas près de prendre fin.

Elles ont la plus grande part, et la plus difficile, dans l'œuvre de la colonisation; elles sont les œuvres vives de notre domination.

Elles appellent donc l'attention publique.

Elles l'appellent d'autant mieux que leur fonctionnement

a été l'objet des critiques de l'opinion, tant en Algérie que dans la métropole.

Quelle était la cause et quelle est la valeur de ces critiques? L'institution des communes mixtes répond-elle à son objet? Quelles sont les réformes qu'elle nécessite?

C'est ce que nous voudrions examiner.

Dans cet examen, nous laisserons de côté tout esprit de polémique, tout argument de personne. Mais si, par contre, nous sommes quelquefois conduit à généraliser, c'est qu'il faut toujours en revenir aux idées générales, et que ce sont les idées générales qui ont le plus manqué à l'œuvre de la France en Algérie.

Les troubles dont la province d'Oran vient d'être le théâtre donnent à cette considération un caractère d'actualité et d'avertissement.

I

Ce que c'est que la Commune mixte

Nous exposerons d'abord ce que c'est qu'une commune mixte.

Les diverses régions de l'Algérie se divisent ainsi : d'une part, le territoire militaire; puis, d'autre part, en territoire civil, les communes mixtes et les communes de plein exercice. Ces trois catégories représentent les trois phases de la civilisation algérienne.

Le régime militaire, c'est le résultat de la conquête, c'est le point de départ. La commune de plein exercice, c'est le point d'arrivée, l'œuvre achevée, le droit commun : c'est la commune comme en France. Quant à la commune mixte, elle est la transition entre les deux autres, la période d'évolution, l'œuvre même d'organisation, de peuplement et de colonisation.

A l'heure qu'il est, le territoire militaire a reculé assez avant dans le Sud. Il ne comprend plus, à peu de chose près, que les régions sahariennes : le Tell tout entier et et presque tous les Hauts-Plateaux ont passé au régime civil.

Dans le territoire civil, les communes mixtes constituent comme le fond de la carte du pays; et sur ce fond les communes de plein exercice sont disséminées comme des taches, mais des taches qui tendent à s'agrandir et à se multiplier. Dans les régions les plus colonisées, comme par exemple autour des grandes villes ou le long des grandes lignes de communication, ces taches offrent des points de densité ; elles en arrivent même à être contiguës les unes aux autres et à former, non plus des îlots, mais des commencements de continent : il en est ainsi notamment dans les régions d'Alger, Blida et Dellys ; Oran et Mostaganem ; Constantine, Philippeville et Bône ; et dans la vallée inférieure du Chélif, le long de la grande voie ferrée d'Alger à Oran.

On ne peut donner une idée exacte de l'étendue et de l'importance relatives des trois catégories de territoire qui se partagent l'Algérie, attendu que le territoire militaire n'a pas de limites dans le sud : notre domination s'y étend nominalement jusqu'à des régions indécises. Si l'on s'en tient toutefois à la colonie proprement dite, c'est-à-dire au territoire civil, qui comprend le Tell et les Hauts-Plateaux, la proportion entre les communes mixtes et les communes de plein exercice est la suivante :

Comme superficie, les communes de plein exercice représentent 18 pour 100, et les communes mixtes 82 pour 100 du territoire.

Comme population, les communes de plein exercice représentent 91 pour 100 des européens et 25 pour 100 des indigènes ; les communes mixtes, 9 pour 100 des européens et 75 pour 100 des indigènes.

Absolument, les communes mixtes embrassent un territoire de 10.477.000 hectares, c'est-à-dire plus du cinquième de la France ; elles ont une population de 49.238 européens et de 2.425.940 indigènes.

Les communes mixtes ont leur origine dans l'ancienne administration militaire de l'Algérie, alors que cette administration détenait la presque totalité de la colonie. C'était le moment où s'essayait cette politique personnelle de Napoléon III connue sous le nom de *politique du royaume arabe*. En 1868, le maréchal de Mac-Mahon étant gouverneur général et le maréchal Niel étant ministre de la guerre, il fut procédé, conformément aux vues de cette politique, à l'organisation du territoire. Le rapport des deux maréchaux, qui servit d'exposé des motifs à cette organisation, s'exprimait ainsi ; il est indispensable de le citer :

En dehors des villes ou communes de plein exercice, l'Algérie comprend : 1° les territoires sur lesquels la population européenne est installée, non pas assez agglomérée, assez compacte, assez dense, pour former une commune de plein exercice, mais cependant assez nombreuse pour qu'il y ait lieu de l'admettre à prendre une part à la gestion des intérêts communs et de la préparer, ainsi que les indigènes qui vivent à côté d'elle, à notre organisation communale ; 2° les douars ou tribus indigènes... Quel est l'avenir réservé à ces deux éléments?... Les douars ou tribus, dans lesquels l'élément européen n'a pas encore pris d'importance, seront groupés en communes dites subdivisionnaires, parce que l'administration en sera centralisée par le général commandant la subdivision (*c'était là le domaine propre du royaume arabe*). Quant aux territoires où la population européenne est assez dense pour qu'il y ait lieu de la préparer, elle et les indigènes qui sont en contact avec elle, à la vie municipale, ils formeront des communes mixtes, ayant leur domaine propre et administrées par des commissions municipales composées de fonctionnaires et d'habitants européens, musulmans et israélites, suivant les localités. Ces commissions auront les attributions des conseils municipaux des communes de plein exercice. Les fonctions de maire seront confiées au commandant du territoire, celles d'officier de l'état-civil au commandant de place ou à l'adjoint civil... En un mot, la commune mixte ne diffère de la commune française que parce qu'elle a pour maire le commandant du territoire et pour conseil municipal une commission spéciale. On comprend qu'ainsi organisée, cette commune, qui offre toutes les garanties désirables au point de vue administratif, pourra être sans aucune difficulté érigée en commune de plein exercice le jour où l'élément européen sera suffisamment développé et où, de son côté, l'élément indigène se sera façonné à nos idées et aura fait un nouveau pas en avant.

Cet exposé sert encore de charte à la commune mixte. L'organisation de 1868 subsiste presque entière, sauf que la commune mixte est devenue un rouage de l'administration civile et que le commandant militaire est remplacé par un administrateur (1). Toutefois, en fait, il y a entre l'ancienne

---

(1) Il existe bien encore quelques communes mixtes en territoire militaire, mais elles sont des exceptions négligeables ici. Quand on parle de communes mixtes, on entend généralement les communes mixtes du territoire civil : ce sont celles qui nous occupent.

commune mixte militaire et la commune mixte actuelle une différence éminente : c'est que la commune mixte, qui ne comprenait primitivement que les territoires restreints où les populations étaient mélangées, comprend maintenant de vastes territoires indigènes.

C'est entre 1871 et 1874 que se produisit cette transformation de la commune mixte.

Pendant la période de transition qui suivit la guerre de 1870, la chute de l'empire et l'insurrection kabyle, l'amiral de Gueydon, gouverneur de l'Algérie, tenta, d'abord en Kabylie, puis ensuite dans la région tellienne où il voulait l'étendre, un vaste système de réorganisation politique et administrative. Il procéda à cette réorganisation par une série de mesures partielles et locales dont l'ensemble apparaît assez confus. Le territoire militaire et le territoire civil, les fonctions du commandement et celles de l'administration, se confondirent dans un mélange assez hétérogène, sous les dénominations successives ou simultanées de *districts, arrondissements-cercles, communes mixtes, circonscriptions cantonales,* et de *chefs de district, officiers-administrateurs, administrateurs civils de communes mixtes ou de circonscription cantonale,* etc... — Tant il y a, qu'après cette période de transition, lorsque le système de l'amiral de Gueydon disparut, la commune mixte subsista seule, implantée, à la faveur de la confusion des attributions, du territoire militaire dans le territoire civil. C'était, de tous les rouages, celui qui avait paru le plus commode ; et quand tous les autres devenaient caducs, il se substituait à eux, par la force des choses, en fait avant que de nom. Si bien qu'en 1875, le gouverneur général Chanzy n'eut plus qu'à consacrer ce fait accompli ; il le fit par un curieux arrêté où il édictait que « la circonscription cantonale ayant disparu pour faire place à la commune mixte, la dénomination de circonscription cantonale était supprimée et serait désormais remplacée par celle de commune mixte. »

C'était encore la forme de 1868, mais la conception était modifiée. Un nouveau groupement s'était fait ; par suite de l'extension du territoire civil, la commune mixte englobait désormais, non seulement ces régions où la population européenne était installée, et qui était dans le principe son domaine propre, mais encore les douars ou tribus qui étaient le domaine du « royaume arabe », c'est-à-dire la partie du Tell et des Hauts-Plateaux qui passaient sous l'administration civile.

Les communes mixtes, on le voit, sont donc des circonscriptions administratives formées des territoires qui ne sont pas encore colonisés ou qui ne le sont pas complètement. Elles comprennent en somme tout ce qui n'est pas ville ou village (village peuplé et constitué définitivement), ou banlieue de ville ou village.

Le plus souvent, elles sont formées de deux éléments distincts : d'une part, un certain nombre de douars ou tribus indigènes (1), et, d'autre part, un ou plusieurs centres européens en voie de création. Mais certaines d'entre elles ne comprennent que des douars ou tribus : soit des douars ou tribus parsemés d'éléments européens, comme des fermes ou des exploitations diverses, soit même des douars ou tribus exclusivement indigènes.

C'est dire que ces communes sont fort vastes : il y en a soixante-treize pour toute l'Algérie : elles ont en moyenne une superficie de 144.000 hectares (superficie d'un arrondissement moyen en France), avec une population de 32.500 habitants. Mais cette moyenne est faite de termes très variables selon la région. La superficie d'une commune mixte est en général inversement proportionnelle à la densité de sa population. Ainsi la commune mixte du Djurjura, en Kabylie, a

---

(1) Le *douar* et la *tribu* doivent être pris ici comme à peu près synonymes, et nous nous bornerons par la suite à employer la dénomination de *tribu*, qui embrasse les deux espèces. Le douar, ou plus exactement le *douar-commune* (par opposition au *douar partiel* ou fraction de douar-commune', n'est pas autre chose que la tribu (ou une partie de la tribu, car certaines tribus ont été scindées en deux ou trois douars-communes) qui a reçu l'application du sénatus-consulte de 1863, c'est-à-dire qui a été délimitée et dont les principaux éléments, — groupes de propriété privée, propriété collective, biens communaux, etc., — ont été reconnus. Toutes les tribus n'ayant pas été encore « sénatus-consultées », la tribu et le douar subsistent côte à côte. Dans la pratique, il n'y a pour ainsi dire aucune différence entre l'administration de l'une et celle de l'autre.

61.049 âmes pour 25.892 hectares (densité de population triple de la densité moyenne en France); tandis que, dans le Sud-Oranais, la commune mixte du Telagh n'a que 16.000 âmes pour 354.500 hectares (deux fois et demie la superficie d'un arrondissement moyen).

La commune mixte étant constituée sous la forme municipale, chacun des douars ou tribus et chacun des centres européens qui la composent en forment une section.

Elle a à sa tête un fonctionnaire de l'état, un administrateur, qui remplit les fonctions de maire. Chaque section a à sa tête un adjoint, un adjoint spécial français dans les centres européens, ou un adjoint indigène (communément désigné, selon les régions, sous le nom de *caïd*, de *chikh*, ou même de *président)* dans les douars ou tribus. L'administrateur a également auprès de lui, pour le seconder ou le suppléer, des *adjoints à l'administrateur*, qui sont des fonctionnaires comme lui et qu'il ne faut pas confondre avec les adjoints municipaux des sections, dont il vient d'être parlé.

L'administrateur-maire est assisté, en manière de conseil municipal, d'une *Commission municipale.*

Dans les communes mixtes qui renferment des centres européens, cette commission est composée des adjoints indigènes et des adjoints français des sections, et d'autant de conseillers municipaux français qu'il y a de fois cent habitants européens dans la commune. Les adjoints indigènes sont nommés par l'administration; les adjoints et les conseillers français sont élus. Dans les communes mixtes qui ne renferment, en fait d'éléments européens, que des propriétés ou des exploitations isolées, la commission municipale se compose, avec les adjoints indigènes, d'un ou deux conseillers français désignés par l'administration parmi les habitants de ces propriétés ou exploitations; mais dès que ces habitants sont assez nombreux pour former un collège électoral, ils élisent leurs conseillers. C'est le gouverneur général qui fixe dans chaque commune mixte la composition de la commission municipale.

La commune mixte est personne civile. Elle a un domaine

communal ou peut en avoir un. Chacune de ses sections en a aussi un en propre, généralement, et est apte à exercer séparément, selon les règles ordinaires, sa personnalité civile.

L'administrateur administre chacune des sections par l'intermédiaire de son adjoint, français ou indigène.

Comme maire, il est chargé de la publication et de l'exécution des lois, de l'exécution des mesures de sûreté générale et des fonctions spéciales qui lui sont dévolues par les lois. Il remplit les fonctions d'officier de l'état-civil et celles d'officier de police judiciaire. Il préside la commission municipale. Il est chargé du pouvoir exécutif communal. Il propose le budget, gère les revenus, ordonnance les dépenses, veille à l'exécution des travaux, souscrit les marchés, este en justice, administre les biens, a la police, prend des arrêtés, nomme aux emplois communaux. Légalement, il n'a pas d'autres droits ou pouvoirs que ceux d'un maire. Il n'a qu'un seul pouvoir qui lui soit propre : celui de punir disciplinairement les indigènes à raison d'infractions spéciales prévues par la loi connue sous le nom de *Code de l'Indigénat*. Ce pouvoir va jusqu'à infliger cinq jours de prison et 15 francs d'amende, et le double en cas de récidive : il y a un droit d'appel contre la peine lorsqu'elle dépasse vingt-quatre heures de prison ou 5 francs d'amende. Encore ce pouvoir disciplinaire n'est-il conféré aux administrateurs que temporairement : il expirera, s'il n'est point renouvelé, cette année même.

La commission municipale s'assemble en sessions ordinaires ou extraordinaires sur la convocation de l'administrateur, vote le budget, approuve les comptes, règle les affaires de la commune, délibère sur les projets, plans et devis, les transactions, le classement des voies vicinales, etc.

Le budget, dans les communes mixtes, s'établit de la même façon que dans les communes ordinaires. La comptabilité y est la même : c'est cette excellente comptabilité communale française, qui est un modèle de simplicité et de rigueur.

La forme de l'administration n'est donc pas autre dans les communes mixtes que dans les communes ordinaires : c'est la forme municipale.

II

La Commune mixte répond-elle à son objet?

Telle est l'organisation des communes mixtes.

Cette organisation répond-elle à son objet? les moyens y sont-ils appropriés à leur fin? C'est ce qu'il convient d'examiner.

Au premier abord, on sera séduit par l'ingéniosité de l'appareil. Il semble que la flexibilité de ses ressorts et l'indépendance de ses parties se prêtent excellemment à une transformation permanente et graduelle, de façon à faire sans secousse, par une habile transition, d'un territoire indigène une commune française.

L'institution des communes mixtes a soulevé cependant de vives critiques.

Beaucoup de ces critiques, il faut le dire, étaient peu justifiées ou l'étaient mal. Elles partaient d'ailleurs de deux camps opposés, et elles se contredisaient.

Les laudateurs du temps passé, — ceux qui, pour de bonnes raisons ou par affinité de tempérament, regrettaient le régime militaire, — se livraient à de faciles railleries sur l'impuissance des nouveaux administrateurs, par manière de contraste avec les énergiques moyens d'action dont leurs prédécesseurs avaient laissé le souvenir : comme si les nouveaux administrateurs avaient été créés pour perpétuer la tradition des bureaux arabes !

Au contraire les colons, comme dans toutes les colonies, trouvaient que l'on allait pas assez vite dans la voie de la

colonisation : ils s'accommodaient mal d'un régime de transition, et il n'était pas jusqu'à ce terme de commune *mixte*
qui ne les choquât. Les politiciens, appuyant les revendications des colons, réclamaient l'avènement du droit commun, où ils comptaient trouver à exploiter une mine de
fonctions municipales et d'appoints électoraux. Et la presse
du pays, servant les passions des uns et des autres, menait
la campagne.

C'était le temps où, sans beaucoup de souci de la logique,
on se plaignait en même temps que les administrateurs de
commune mixte eussent trop de pouvoirs et qu'ils n'en
eussent pas assez. On les avait pris pour cible des sarcasmes
ou des imputations les plus contradictoires. On les accusait
de « singer les bureaux arabes sans les égaler, » et l'on
constatait en même temps « qu'ils n'en différaient au fond
que par l'étiquette ». On les plaisantait parce qu'ils avaient
un uniforme, et on leur reprochait de manquer de prestige.
On les traitait « de petits pachas », de « pâles officiers de
bureau arabe », et l'on prenait texte de ce qu'ils n'avaient
point assez d'autorité pour demander qu'ils fussent remplacés
par des maires de village. On prétendait qu'ils coûtaient
plus cher que leurs devanciers, ce qui n'était rien moins
qu'exact, — quoique cela eût pu être très naturel, attendu
qu'ils avaient affaire à un autre état de choses et à de bien
autres besoins ; — et l'on se plaignait en même temps de
l'insuffisance de leurs moyens d'action.

C'était le temps où l'on se moquait agréablement de la
diversité des territoires et de leur prétendu enchevêtre-
ment : on ne manquait pas de rappeler l'histoire du lion de
Tartarin, tué en territoire militaire d'un coup de fusil parti
du territoire civil, et qui donna lieu à un mémorable conflit
d'autorités. Il est pourtant facile d'imaginer en tout pays un
lieu quelconque qui se trouve être le point d'intersection de
deux ou trois provinces ou de deux ou trois communes (1).

---

(1) Il est cependant une anomalie qu'il serait facile, et qu'il serait bon, d'éviter.
Dans certains cercles militaires, et dans certaines communes mixtes civiles, où il
n'existe pas d'installation suffisante, le commandant supérieur ou l'administra-

Et de récents et redoutables incidents de frontière sont venus, depuis, faire pâlir la jolie fable de Daudet : des différences de six pieds carrés ne sont malheureusement plus une « chinoiserie ».

C'était le temps où les administrateurs étaient notés d'*arabophilisme*, et où l'on dirigeait contre eux les plus graves imputations : on parlait mystérieusement d'une organisation redoutable qui avait succédé à celle des Bureaux Arabes ; on parlait de puissance occulte, de pouvoirs d'exception, d'une législation spéciale, d'une comptabilité fermée qui autorisait toutes les suspicions. Il s'était formé à cet égard une véritable légende. Or, on l'a vu, il n'en était rien de tout cela : la législation qui régit les communes mixtes est la législation communale ; leur comptabilité est la comptabilité communale ; et les administrateurs n'ont point d'autre arme spéciale que les peines de l'indigénat. Il n'y avait donc pas, dans les communes mixtes, de pouvoirs abusifs : il ne pouvait y avoir que des abus de pouvoir. Il y en eut en effet : il y en eut quand on fit passer d'emblée, et un peu hâtivement, la plus grande partie du Tell sous le régime civil, et quand on dut pour cela improviser un personnel ; il y eut une période de tâtonnements et il y eut un recrutement défectueux. On ne pouvait raisonnablement attendre d'un système nouveau, et surtout d'un système de transition, un fonctionnement sans à-coup. Mais ces abus ne durèrent point : le tassement se fit, le recrutement s'améliora, le contrôle fut organisé, et les communes mixtes ont pris depuis déjà long temps un jeu régulier.

C'était le temps enfin où les théoriciens préféraient que la colonie pérît plutôt que les principes. Des centres européens,

leur sont autorisés à résider dans une ville voisine. Ce qui fait que dans cette ville il y a trois autorités, qui n'ont d'ailleurs en rien affaire entre elles : le maire, le commandant supérieur et l'administrateur. Ces deux derniers sont des étrangers dans la ville ; ils sont hors de leur territoire, qui commence aux portes de la ville, l'un au nord, l'autre au sud. Il en résulte une situation fausse et souvent gênante. Au prix de quelque dépense, et au risque de leur infliger une résidence moins agréable, il serait préférable que chacune de ces autorités résidât sur son territoire.

qui dépendaient de communes mixtes, ayant demandé à être érigés en communes de plein exercice, et l'enquête ayant démontré que dans leur propre intérêt cette mesure était prématurée, les conseils généraux appuyèrent néanmoins le projet d'érection en formulant cet avis : « que nonobstant la valeur des motifs invoqués pour retarder cette érection, il y avait en jeu avant tout une question de principe dont ils étaient décidés à ne pas se départir : à savoir que les communes mixtes n'étaient qu'un régime transitoire et qu'il fallait seconder par tous les moyens possibles l'avènement du droit commun. » Par contre, d'autres centres, trop hâtivement érigés en communes de plein exercice et qui ne pouvaient vivre, demandaient à en revenir à la commune mixte : les conseils généraux s'y opposaient par cette seule raison, « que l'on ne pouvait faire un pas en arrière dans la voie du progrès »; et comme les intéressés insistaient, les conseils répondaient péremptoirement « qu'on avait le droit d'empêcher les gens de se suicider. » Les choses ont bien changé. Les conseils généraux sont les premiers maintenant à conseiller aux nouveaux centres de ne pas s'ériger trop vite en communes de plein exercice. Ils vont jusqu'à encourager d'autres centres, qui sont érigés déjà, à en revenir à la commune mixte. Ils ont renoncé aux principes pour se ranger aux intérêts.

Toutes ces critiques qui étaient dirigées contre l'institution des communes mixtes ont donc fini par tomber, même en dépit d'incidents plus récents qui ont réveillé, en les généralisant à tort, quelques-unes des anciennes suspicions. Si nous les avons rappelées, c'est d'abord parce que ces critiques firent aux communes mixtes une guerre longue et acharnée, une guerre dont on n'a pas idée aujourd'hui : il y a là une page de l'histoire des colonies qu'il ne faut pas oublier. Nous avons aussi rappelé ces critiques parce que, au fond, si contradictoires qu'elles fussent, si visiblement inspirées le plus souvent par des rancunes ou des ambitions, elles avaient et elles ont encore en elles une valeur d'indication.

Cette indication ressortira, si l'on y regarde bien, de

l'exposé du fonctionnement des communes mixtes, qui va suivre l'exposé de leur organisation.

Venons-en *in concreto*, et prenons un exemple.

Nous sommes dans la commune mixte de X...

Cette commune mixte se compose de treize douars ou tribus et de trois villages européens, c'est-à-dire de seize sections, dont treize sections indigènes et trois sections françaises.

Chacune des sections indigènes est représentée dans la commission municipale par son adjoint (caïd ou chikh). L'un des villages, étant assez important, est représenté par son adjoint et par deux conseillers français. Le deuxième village, moins populeux, n'a qu'un adjoint et un conseiller. Le troisième, nouvellement fondé, n'a encore qu'un adjoint.

La commission municipale de la commune mixte de X... comprend donc dix-neuf membres, dont treize indigènes et six européens.

Ouvrons le registre des délibérations de cette commission municipale ; ouvrons-le au hasard, et prenons la première affaire venue.

Voici d'abord le protocole de la séance ; il ne diffère pas beaucoup du protocole de tous les conseils municipaux de France :

L'an mil huit cent quatre-vingt..., et le..., la commission municipale de la commune mixte de X... s'est réunie au lieu ordinaire de ses séances, à Z... (résidence de l'administrateur), sous la présidence de M. l'administrateur Y..., maire de la commune.

Étaient présents :

MM. ......, membres français ;

MM. ......, membres indigènes...

Arrêtons-nous ici, et traduisons ce protocole sous une forme sensible.

La commission municipale a été convoquée par l'administrateur. Celui-ci préside, en tenue (ou du moins les instructions lui prescrivent d'être en tenue pour présider), afin de bien marquer son caractère de représentant de l'autorité.

Les membres de la commission arrivent les uns après les autres des quatre coins du pays. Ils se connaissent à peine les uns les autres, car leurs sections respectives ont peu de rapports entre elles.

Les adjoints de village et les conseillers français se groupent et siègent autour de la table au tapis vert. Les membres indigènes, en burnous rouges, se rangent un peu plus loin, le long des murailles. Cette attitude n'est chez eux que de la réserve, réserve que leur inspire le sentiment de leur rôle effacé et des différences de mœurs et d'idées qui les séparent de leurs collègues français. Il n'en est pas moins vrai que la démarcation s'établit ainsi d'elle-même, instinctivement, dès le début. Rien qu'en entrant dans cette salle, et à la seule vue de sa disposition, un étranger se rendrait compte qu'il y a bien peu de liens et d'homogénéité entre tout ce monde-là.

Et comment pourrait-il en être autrement? Tout les sépare en effet : leurs origines et leurs intérêts.

Les villages, que représentent les membres français, ont été formés aux dépens des tribus, que représentent les membres indigènes. On a exproprié les uns pour mettre les autres à leur place. C'est ainsi du moins que cela se passait jusqu'à ces dernières années. Aujourd'hui, l'on a renoncé, ou à peu près, à exproprier en grand. Mais ces terres domaniales elles-mêmes que l'on utilise maintenant pour les créations de centres, elles sont le produit d'un ancien séquestre; ou bien elles proviennent d'une délimitation qui a eu pour effet d'enlever à la tribu certaines parties pour les attribuer à l'Etat; ou bien elles proviennent d'échanges avec le sol forestier, qui était autrefois aux indigènes et qu'on leur a retiré; ou bien encore elles proviennent de quelque autre cause spéciale : mais toujours, et forcément, elles ont pour origine première une main-mise sur les biens de la tribu, — soit que la tribu eût la propriété de ces biens, soit qu'elle n'en eût que la jouissance : car la théorie juridique que l'on a édifiée sur cette distinction est quelque peu arbitraire. Tant il y a, que le souvenir du passé est encore vivant. Les indigènes voient leurs voisins européens labourer le champ qui était à eux naguère; quelquefois même le colon européen, qui a obtenu ce champ gratuitement, le loue à l'indigène à qui on l'a pris pour le lui donner.

Ce n'est point le procès de la colonisation que nous faisons là; ce n'est ni dans notre sujet ni dans notre intention. Nous ne voulons retenir qu'une chose : c'est qu'on ne peut pas faire que les indigènes, à tort ou à raison, ne considèrent pas comme des intrus les colons européens qui viennent s'installer chez eux ; et l'on ne peut pas faire que les colons ne considèrent pas les indigènes comme des obstacles à la colonisation. D'où ce fait initial que, dans le sein de la commission municipale, les européens et les indigènes sont naturellement opposés les uns aux autres.

Voyons-les donc délibérer en commun.

La délibération a lieu en français. Généralement, les membres français ne comprennent pas l'arabe, et les membres indigènes ne comprennent pas le français. On traduira donc aux indigènes les questions posées par l'administrateur et les observations des membres français; et l'on traduira aux membres français les dires des membres indigènes ; procédure éminemment commode, comme l'on voit, et qui — sans parler des belles infidélités de la traduction, — donne tout de suite une idée de l'homogénéité de cette assemblée délibérante. Quelquefois il vaut mieux, à tout prendre, que les deux groupes ne s'entendent point l'un l'autre ; témoin cette discussion où les membres indigènes hésitant à accepter une proposition qui était faite par les membres français, l'un de ces derniers s'écria : « — Après tout, que les indigènes le veuillent ou non, cela sera; car, en fin de compte, il ne faut pas que ces gens-là oublient que c'est nous qui commandons ! » Le président ne jugea pas à propos de faire traduire ces paroles.

A quoi bon d'ailleurs traduire aux indigènes une discussion qui leur importe si peu, puisqu'ils n'y peuvent rien? Ils sont les premiers à déclarer qu'ils donnent les mains par avance à tout ce que décidera pour eux l'administrateur. On se contente donc de leur dire en gros de quoi il s'agit;

souvent même, lorsque la séance est chargée et que le temps presse, on n'en prend point la peine : on se borne à les avertir qu'on ne leur parlera que des affaires où ils seront particulièrement intéressés. Cependant on réserve tous ses soins, ses explications et sa persuasion pour les membres français. Quand ceux-ci ont voté, l'administrateur se tourne vers les membres indigènes et leur demande d'un signe de tête leur avis. Les membres indigènes s'inclinent en signe d'assentiment, comme le chœur antique.

Qu'il vienne à s'élever une contestation, et que l'administrateur ne parvienne pas à faire adopter sa proposition par les membres français (et l'incident, en lui-même, n'est pas d'un heureux effet pour affirmer l'autorité de l'administrateur aux yeux des chefs indigènes qui sont appelés à y assister), il déclare simplement : « — Messieurs, nous allons passer au vote. » Les membres indigènes sont mis en quelques mots au fait du différend : « — Ces messieurs les membres français prétendent ceci, leur dit le président. Moi, je suis de tel avis. Qu'en pensez-vous ? » Un caïd, toujours le même, comme le coryphée du chœur, prend la parole : « — Assurément, nous pensons comme toi », déclare-t-il. Le chœur s'incline. « — La commission adopte par treize voix contre six », prononce le président.

Que si la discussion porte sur une question qui touche plus vivement les indigènes, et que ceux-ci ne goûtent point la mesure proposée, le résultat n'en sera pas moins le même. Il y aura d'abord quelque velléité d'opposition ; deux ou trois orateurs exposeront timidement leurs motifs. Mais le coryphée observe de l'œil le président ; il lit sur son visage la décision arrêtée d'avance ; il intervient alors et clot le débat par cette formule : « — Tu es notre maître. Que cela soit, puisque tu le veux. » Et le chœur s'incline encore. Il est bien rare que la majorité indigène fasse échec à une proposition de l'administrateur.

Aussi quand c'est par ordre de l'administration supérieure que cette proposition a été présentée, et quand le vote n'a point été enlevé, l'administration supérieure sait-elle bien à qui s'en prendre. L'administrateur reçoit un avertissement conçu selon cette autre formule : « Il est regrettable que M. l'administrateur n'ait pas mieux éclairé sa commission municipale sur la question qui lui était soumise. Il voudra bien la lui soumettre à nouveau, en y ajoutant toutes explications utiles. » Cette fois le vote est enlevé.

Après la séance, on signe le registre des délibérations. Les caïds, qui ne savent ni lire ni écrire le français, apposent leur cachet en manière de signature ; quelquefois même ils confient leur cachet au secrétaire de mairie qui l'apposera lui-même où et quand il en sera besoin. Et chacun regagne son pays : les européens vexés au fond, malgré la part qu'on leur a faite, que cette part n'ait pas été encore plus grande ; les indigènes se rendant compte que c'est à leurs dépens que cette part a été faite ; tous un peu plus aigris les uns contre les autres. Quant à l'administrateur, il demeure secrètement ennuyé du rôle qu'il a joué dans cette petite comédie parlementaire. Nous en savons plus d'un qui considère chacune de ces séances comme la plus pénible des corvées, et ce qu'il y fait comme une besogne dont il est un peu confus.

Tel est le cérémonial habituel des délibérations d'une commission municipale de commune mixte ; nous osons affirmer que quiconque en a vu quelques-unes n'aura rien à reprendre à cette description dans ses traits essentiels. — On voit d'ici la commission municipale de la commune mixte de Morsott délibérant de la sorte sur les fameuses concessions de phosphates !

Il y a des municipalités de commune mixte qui trouvent le moyen d'être encore moins municipales et moins mixtes. Dans ces communes *mixtes*, il n'y a pas d'habitants français, au moins d'habitants éligibles. L'administration prend alors, pour en faire des conseillers municipaux, quelques fonctionnaires du pays qui sont en relations de service avec la commune mixte ; ou bien encore, tout bonnement, elle va prendre ces conseillers parmi les habitants d'une commune voisine.

Habituellement, la population indigène étant, dans les

communes mixtes, beaucoup plus considérable que la population européenne, les conseillers indigènes sont plus nombreux que les conseillers français. Mais il s'est encore trouvé des théoriciens pour vouloir que la représentation fût inversement proportionnelle aux intérêts représentés : un vœu s'est produit au conseil supérieur, vœu tendant à ce que, dans toutes les assemblées composées de membres français et de membres indigènes, — même dans les commissions municipales des communes mixtes, — les membres français eussent *toujours* la prépondérance sur les membres indigènes. Dans certaines communes, d'ailleurs, on s'est arrangé déjà de façon à assurer quand même aux colons la majorité dans l'assemblée communale. Dans la commune mixte de la Mekerra par exemple, qui renferme une population de 14.300 indigènes pour 4.980 européens, il y a quinze conseillers français pour neuf conseillers indigènes.

Au surplus, la commission municipale d'une commune mixte n'ayant déjà pas la même composition qu'un conseil municipal, n'en a pas non plus les pouvoirs et attributions ; et les adjoints des centres européens eux-mêmes n'ont qu'incomplètement les pouvoirs et attributions d'un magistrat municipal. Une circulaire du préfet d'Oran disait à peu près de ces derniers qu'ils n'étaient bons qu'à créer des embarras à l'administration, et enjoignait aux administrateurs de ne les considérer que comme des agents de renseignements. Quant à la commission municipale, ce n'est pas la Loi Municipale qui y est en vigueur ; c'est l'arrêté de 1868, celui qui présida à la fondation des communes mixtes en territoire de commandement : c'est un texte militaire qui est encore, à l'heure qu'il est, la charte des territoires civils.

Et pourtant ce n'était point l'intention des législateurs militaires eux-mêmes, de placer ainsi la commune mixte sous une régime d'exception. Qu'on se rappelle le rapport des deux maréchaux : « Les commissions municipales des communes mixtes auront les attributions des conseils municipaux des communes de plein exercice... En un mot, la commune mixte ne diffère de la commune française que par ce qu'elle a pour maire le commandant du territoire et pour conseil municipal une commission spéciale. » Depuis, le régime civil a remplacé le régime militaire; la constitution municipale de la France et de l'Algérie a été renouvelée. Mais les communes mixtes n'ont point suivi ce progrès; elles ont même fait un pas en arrière. Non seulement, quand la commission municipale invoque quelque franchise, on la renvoie à l'arrêté de 1868, mais on fait revivre tout exprès pour elle une législation surannée, abrogée depuis longtemps pour les autres communes, comme par exemple l'ordonnance de 1847, qui était autrefois le code des communes algériennes, et comme aussi la vieille loi municipale de 1837. Ce qui n'empêche pas l'administration supérieure de lui imposer souvent des charges ou de lui prescrire des mesures découlant de la loi municipale de 1884. Tantôt on invoque auprès d'elle « par analogie » la législation de droit commun, tantôt on lui oppose que cette législation ne lui est pas applicable : ce sont les besoins de la cause qui déterminent l'une ou l'autre de ces jurisprudences.

Un des exemples les plus remarquables et le plus récent, de cette anarchie, c'est cet incident des phosphates de Tebessa dont nous parlions tout à l'heure. Ce que cet incident a fait couler d'encre, non sur les points de fait, mais seulement sur le point de doctrine, est inimaginable. Les thèses juridiques les plus contradictoires se sont élevées. On a argumenté passionnément sur l'applicabilité dans l'espèce du décret du 23 mars 1863 ou sur celle de l'arrêté du 20 mai 1868, sans préjudice de l'ordonnance du 28 septembre 1847, de l'arrêté du 4 novembre 1848, du décret du 28 juin 1860, de la loi municipale de 1837 et du décret du 25 mars 1852; l'on n'a pas pu s'entendre sur la question de savoir qui avait qualité pour autoriser, en commune mixte, l'aliénation ou l'amodiation des biens de douar. Et c'est à la faveur de cette confusion qu'ont pu être faites les concessions que l'on sait.

Le traitement que subissent les communes mixtes est donc vraiment exceptionnel. Ces communes sont même parfois pour l'administration comme un réservoir de ressources où celle-ci puise à l'occasion pour solder des dépenses qui n'ont rien de communal. Elle trouve commode de demander aux budgets des communes mixtes, qu'elle peut faire voter comme elle l'entend, les moyens de subvenir aux charges que le département ou les communes de plein exercice esquivent, ou dont le budget de l'Etat lui-même est bien aise de s'alléger. En voici quelques exemples.

Un certain nombre de communes mixtes venaient d'être formées par le démembrement d'une commune indigène militaire. Il s'agissait de procéder au compte de liquidation de l'ancienne commune et au règlement du compte à intervenir entre les nouvelles communes. Cette liquidation se compliquait de ce que l'administration voulait en profiter pour mettre à la charge des nouvelles communes certaines dépenses de première installation qui eussent incombé au budget de la colonisation. Les administrateurs, au nom des intérêts de leurs communes, que lésait cette prétention, se défendirent vivement. Ils reçurent alors une lettre de service où il était dit que l'on s'étonnait de la résistance opposée par eux à l'accomplissement des instructions de l'autorité supérieure; il était désirable que la liquidation eût lieu sans retard sur les bases indiquées; on ne cachait point aux administrateurs qu'il leur serait su mauvais gré d'entraver les vues de l'administration par une persistance de mauvais goût. Il est évident que ce *quos ego* fut décisif.

Au moment de l'insurrection du Sud-Oranais, de nombreuses réquisitions de chevaux, de mulets, de chameaux et de convoyeurs furent faites chez les indigènes de la région du Tell, pour assurer les moyens de transport de la colonne expéditionnaire. Au cours de la campagne, un certain nombre des convoyeurs réquisitionnés furent, à raison de manquements à leur service, frappés de peines disciplinaires par les chefs de la colonne. Pour purger ces peines, on envoya les hommes punis au pénitencier de Bou-Khanefis. Mais quand il s'agit de payer les frais d'entretien de ces détenus, on ne trouva rien de mieux que de présenter la note à leurs communes d'origine. Certaines communes refusèrent de la solder : il leur paraissait étrange qu'après avoir fourni à des réquisitions, on les rendît encore responsables de fautes militaires, commises en campagne, à plusieurs centaines de kilomètres de chez elles, par des auxiliaires à la suite des armées. En présence de leur refus, le préfet ouvrit lui-même un crédit dans leur budget et ordonnança d'office. Un administrateur ayant fait prendre par sa commission municipale une délibération pour protester contre cette mesure, reçut un blâme pour avoir saisi de l'affaire l'assemblée communale — comme si celle-ci n'avait point à connaître de tout ce qui touchait aux deniers communaux !

Les *khodja* (secrétaires indigènes) des administrateurs furent primitivement rétribués sur le budget de l'Etat. Puis, ils furent rejetés à la charge des budgets des communes mixtes. Puis le budget de l'Etat les reprit. Puis enfin il fut décidé que le budget de l'Etat paierait une partie de leur traitement et que les budgets des communes mixtes paieraient le reste. Mais on s'aperçut, en cours d'exercice, que le crédit porté pour cet objet au budget de l'Etat, serait insuffisant. Et alors on décréta la mesure suivante : dans chaque département, les préfets désignèrent à leur choix deux ou trois communes mixtes; ces communes furent invitées à reprendre en charge la totalité du traitement de leur khodja; les assemblées communales ne furent même point consultées : des crédits furent encore ouverts d'office aux budgets communaux, et le déficit gouvernemental fut ainsi comblé.

Dans le département de Constantine, c'est le service des Ponts et Chaussées qui est chargé de la voirie départementale et du réseau vicinal ordinaire. Or, le consul général a décidé que les dépenses du personnel de ce service seraient mises à la charge des communes mixtes exclusivement. Celles-ci paient donc pour les communes de plein exercice; chaque année, le préfet, par un simple arrêté, répartit entre elles la carte à payer.

Enfin, pour donner la note gaie, ce sont les communes mixtes du même département qui ont soldé, par ordre, selon une quote-part déterminée d'office, le reliquat des dépenses causées par la promenade en Algérie de la dernière *caravane parlementaire.*

Nous pourrions multiplier ces exemples. L'administration, qui est pourtant la tutrice des communes, ne laisse pas, pour se créer des ressources, d'entraîner les communes mixtes à compromettre leurs finances. Elle approuve des budgets qui se soldent par un excédent de dépenses, ou des budgets où figurent des excédents de recettes fictifs. On connaît des communes mixtes dont le déficit a grossi pendant plusieurs années, au vu et au su des bureaux qui continuaient à leur imposer de nouvelles charges.

L'administrateur de la commune mixte est impuissant à sauvegarder les intérêts de sa commune. Il est fonctionnaire en même temps qu'il est maire, ou avant que d'être maire. Les ordres qu'il reçoit priment ses attributions municipales. On vient d'en voir quelques exemples : en voici d'autres.

Les bâtiments communaux d'un nouveau village venaient d'être terminés ; ils avaient été exécutés par le service des Ponts et Chaussées sur les fonds de l'État. Quand il s'agit de les remettre officiellement à la commune mixte dont ce village faisait partie, l'administrateur fit quelque difficulté, car ces bâtiments avaient été mal faits et présentaient des vices de construction. Mais les Ponts et Chaussées excipaient de l'infaillibilité professionnelle, et l'État ne pouvait avoir tort. L'administrateur reçut donc l'ordre de recevoir purement et simplement les bâtiments, sans observation. Nonobstant cette prescription, et dans le but de sauvegarder les intérêts de sa commune, il crut de son devoir d'insérer certaines réserves dans le procès-verbal de remise : il reçut un blâme et il fut avisé que l'administration supérieure annulait purement et simplement les réserves qu'il avait cru devoir formuler. Deux ou trois ans après, le successeur de cet administrateur constata que les bâtiments dont il vient d'être question tombaient en ruine. Il voulut aussi sauvegarder les intérêts de sa commune. Il se fit autoriser par la commission municipale à ester en justice pour assigner en garantie l'entrepreneur et, solidairement (il le fallait bien), l'État, qui avait reçu de l'entrepreneur les bâtiments et les avait remis à la commune. Cet administrateur reçut encore un blâme, dont les termes disaient notamment « qu'on ne concevait pas qu'un fonctionnaire de l'État estât en justice contre l'État ». La délibération de la commission municipale fut annulée, et ce fut la commune mixte qui paya les frais de réfection des bâtiments.

Les faits que nous venons de citer, sans la moindre intention de récriminer, n'ont d'autre but que d'établir que l'administration ne prend pas au sérieux l'individualité et l'autonomie communales des communes mixtes. Personne d'ailleurs ne les prend guère au sérieux. Tous les soins des conseils généraux, par exemple, sont pour les communes de plein exercice, qui contiennent un plus grand nombre d'électeurs. Ils dégrèvent celles-ci des contingents mis à leur charge, notamment pour l'entretien des chemins de grande communication; ces contingents retombent à la charge des communes mixtes, et rarement, par contre, on a vu dégrever une commune mixte. Il en est de même pour les subventions : on partage le gâteau entre les communes de plein exercice, quelquefois même sans que celles-ci aient rien demandé, alors que les communes mixtes, qui supportent de grosses charges de colonisation, auraient bien droit à quelque secours (1).

Il n'y a rien pour étonner, au surplus, dans les contradictions et l'arbitraire qui forment le régime des communes mixtes. La législation de l'Algérie elle-même fourmille de contradictions, à un tel point qu'on pourrait presque dire

(1) Dans toutes les colonies, les choses se passent de même. Au Sénégal, le gouvernement a dû, par un décret de 1891, soustraire l'administration financière des pays de protectorat, que la France possède autour des communes de plein exercice, à la main-mise du Conseil général, chez lequel on constatait une tendance manifeste à réserver ses faveurs pour les pays d'administration directe, au détriment des régions essentiellement indigènes. Or, les résultats de cette mesure sont des plus satisfaisants. Les recettes ayant de beaucoup dépassé les dépenses, le solde disponible est affecté à la création de routes et de ponts, à des creusements de puits, etc., bref à des travaux ayant pour but la mise en valeur du territoire.

qu'il n'y a pas une seule question qui ne puisse être contro-
versée. Cette législation se compose de plus de six mille
textes ; elle est faite de raccords successifs. Elle s'est
alimentée longtemps d'expédients qui permettaient, dans un
pays où tout était à organiser, d'aller au plus pressé, tout en
laissant entières les questions de principe, plus délicates à
résoudre. Là comme ailleurs, plus qu'ailleurs, les décisions
de l'autorité formèrent une jurisprudence qui se superposait
au texte. En définitive cette législation, si son corps de droit
est mal digéré et si tout y révèle les tâtonnements d'une
période d'organisation, porte le témoignage d'une louable
activité et d'un constant progrès. Quoi qu'il en soit, c'est à la
faveur de cette habituelle incohérence des textes que l'administration conserva par devers elle la gestion directe des
communes mixtes. Elle voulait en faire, pour les territoires
de colonisation et les territoires indigènes, un instrument
de gouvernement qu'elle eût tout à fait en main.

Par malheur, elle n'avait dans la main qu'une fiction. En
effet, c'est, pour commencer, une dangereuse et menson-
gère fiction que cette assemblée communale qui n'a rien
d'une assemblée communale, qui n'en est même point la
forme ébauchée, qui n'est que la représentation hybride de
territoires soudés et d'éléments dissemblables.

Qu'est-ce que cette fiction va produire ? On va le voir au
cours de cette séance de la commission municipale à laquelle
nous assistons. C'est justement le budget que l'on discute.

Ce qui frappe tout de suite, dans ce budget, c'est que les
charges et les profits y sont répartis inégalement ; dans une
commune mixte, ce sont en effet les sections indigènes qui
fournissent la plus grande partie des ressources, et ce sont
les sections européennes qui bénéficient de la plus grande
partie des dépenses. Et cela se conçoit. Les intérêts de la
colonisation, sans parler de la politique, sollicitent l'administration ; c'est donc là que vont les dépenses. Quant aux
ressources, elles viennent pour la plus grande partie des

contribuables indigènes, d'abord parce que ceux-ci sont plus nombreux que les contribuables européens, et ensuite parce qu'ils paient plus de contributions qu'eux.

On a contesté cette dernière assertion. Un conseil général, la relevant dans certain document officiel, « se refusa à la prendre au sérieux ». Il eût été plus efficace de la réfuter. Or, on ne l'a pas fait, quoi qu'on en dise. On s'est borné à présenter comme péremptoires des opérations de pure arithmétique, qui procédaient par d'artificiels groupements de résultats généraux affectés de coefficients ou de facteurs quelque peu arbitraires. Ce sont là jeux de statistique. Si l'on avait serré la réalité de plus près, et si l'on s'y fût tenu terre à terre, peut-être se fût-on mieux rendu compte de la véritable proportion à établir, au moins pour les populations rurales, entre les contributions fournies par les européens et ces étonnants impôts indigènes que nous avons empruntés à la domination turque, en les aggravant. On se fût mieux rendu compte de ce que les uns et les autres, c'est-à-dire les européens et les indigènes, versent respectivement, eu égard à leurs facultés mobilières ou immobilières, dans les caisses de l'état, du département ou de la commune. Si l'on eût pris, par exemple, un colon d'un village et un *fellah* d'une tribu voisine, ayant chacun la même composition de famille, la même superficie à cultiver, le même cheptel et le même capital roulant, placés côte à côte dans la même région, on eût mieux vu quel était celui des deux dont l'impôt est le plus lourd.

Mais enfin ce n'est que des taxes et impôts payés dans les communes mixtes que nous avons à nous occuper ici. Or, il suffit d'ouvrir le budget d'une de ces communes pour être édifié. Non pas qu'il soit possible, assurément, d'y faire le départ absolu des éléments fournis ou consommés par les européens et des éléments fournis ou consommés par les indigènes, puis d'additionner séparément ces éléments et de comparer les deux totaux, pour arriver à un résultat mathématique : dans nombre d'articles du budget, ces éléments sont difficilement discernables les uns des autres. Mais ce que l'on peut très bien faire, c'est de prendre un à un tous les articles, d'en raisonner utilement, de les analyser, de les décomposer le plus possible. On peut poser les grandes lignes du problème. On arrivera ainsi à une approximation sensible, et c'est tout ce qu'il faut : la différence n'infirmerait pas l'exactitude générale de la solution. Pour parler plus simplement, on peut de la sorte se faire de la question une opinion très suffisamment exacte.

Quelles sont donc les principales ressources d'une commune mixte ?

Ce sont les centimes additionnels à l'impôt arabe, les centimes additionnels à l'impôt foncier, l'octroi de mer, le produit des marchés, le produit des amendes d'indigénat et celui des amendes de police correctionnelle, le produit des locations communales, la taxe sur les loyers, la taxe sur les chiens, les subventions et les prestations.

Reprenons un à un ces divers réduits.

Les centimes additionnels à l'impôt arabe sont payés par les arabes, cela va de soi ; et voilà du coup l'une des plus grosses recettes du budget à mettre au compte des indigènes.

Par contre, les centimes additionnels à l'impôt foncier sur la propriété bâtie, qui sont payés concurremment par les européens et par les indigènes, ne représentent qu'un très faible produit. Si faible soit-il, les indigènes en fournissent encore une bonne partie. La propriété indigène bâtie est rare, il est vrai, dans les pays arabes ; mais il n'en est pas de même dans les pays kabyles. Dans l'ensemble des communes mixtes, cette propriété forme donc un élément imposable de quelque valeur par rapport à la propriété européenne. — A ce propos, il est permis de se demander si ce n'est point à tort que les centimes additionnels à l'impôt foncier, comme d'ailleurs plusieurs autres taxes, sont imposées aux indigènes. Il était en effet dans l'esprit de l'arrêté gouvernemental du 5 décembre 1862, qui a créé les centimes additionnels à l'impôt arabe, que ces centimes eussent pour objet de tenir lieu aux indigènes de toutes autres taxes municipales. En tout cas, il était expressément spécifié qu'ils remplaceraient, entr'autres impôts, les prestations ; ce qui n'empêche pas que les indigènes font ou paient leurs prestations. Ce nouvel exemple d'incohérence dans la législation algérienne est à noter.

L'octroi de mer est encore une des grosses ressources du budget ; et celle-ci est due pour la plus forte partie aux indigènes. L'octroi de mer est, pour les communes algériennes, une ressource d'une nature particulière : c'est le produit des droits dont sont frappés, à leur entrée en Algérie, certains articles de consommation. Ce produit forme un fonds commun qui est ensuite réparti entre les communes au prorata du chiffre de leur population. On part de cette idée, que la commune, renfermant *tant* de consommateurs, doit bénéficier de *tant* sur la taxe de consommation. Ceci est assez naturel. Mais, partant de cette autre idée, que, en raison de leur genre de vie et de leurs besoins restreints, les indigènes consomment moins que les européens, on a décidé que les européens compteraient pour plus que les indigènes dans la supputation du chiffre de la population qui doit servir de base à la répartition du fonds commun. Il faut huit indigènes dans une commune de plein exercice pour équivaloir à un européen ; c'est-à-dire que, chaque européen représentant une unité de consommateur, huit indigènes n'équivaudront qu'à un seul consommateur ; c'est-à-dire encore que, lorsqu'il s'agira de répartir le produit de l'octroi de mer, on attribuera par exemple à une commune composée de 900 âmes, dont 100 européens et 800 indigènes, deux cents parts seulement : cent pour les 100 européens et cent pour les 800 indigènes. Ceci est déjà moins naturel, surtout si l'on songe que certains des principaux articles de consommation frappés par l'octroi de mer entrent pour une grosse part dans l'alimentation des indigènes : tels le sucre et le café. Mais ce qui cesse tout à fait d'être naturel, c'est ceci : les indigènes qui, dans les communes de plein exercice sont décomptés à raison de huit pour un, ne le sont plus, dans les communes mixtes, qu'à raison de quarante pour un.

3

Pourquoi ? On ne le saurait expliquer par un motif économique. Car, en fait, et en dépit de toute théorie, les indigènes
ne consomment pas davantage par cela seul que d'une
commune mixte ils passent dans une commune de plein
exercice. Sans doute, dans les grandes villes, le frottement
de notre civilisation leur crée des besoins nouveaux, et sans
doute ils y paient la vie plus cher. Mais il ne s'agit pas
seulement des grandes villes ; et il est singulier de décider
uniformément que, étant données une commune mixte et
une commune rurale de plein exercice, toutes deux voisines
et placées en somme dans des conditions économiques sensiblement égales, dans la première un indigène consomme
du sucre et du café quarante fois moins qu'un européen, et
dans la seconde huit fois moins seulement. Quoi qu'il en
soit de cette théorie, que nous avons tenu à indiquer comme
curiosité, ce n'en est pas moins encore les indigènes qui,
dans les communes mixtes, rapportent la plus grosse part
d'octroi de mer, toujours parce qu'ils sont les plus nombreux.
Les 2.425.040 indigènes de ces communes, quoique chacun
d'eux ne vaille qu'un quarantième d'européen, rapportent
encore beaucoup plus que ce que rapportent les 49.238 européens : soit, exactement, dans le rapport de 59 à 41.

Vient ensuite le produit des marchés. Les marchés sont
presque exclusivement alimentés, dans les communes mixtes,
par les indigènes. Les européens y achètent, mais ce sont
les indigènes qui y vendent, en général. Or, comme la taxe
est une taxe de stationnement et d'occupation superficielle,
elle est supportée par le vendeur. On dira que l'acheteur en
subit la répercussion, selon la loi économique. Mais ce qui
est vrai en économie politique ne l'est pas toujours dans le
domaine des faits particuliers : sur les marchés indigènes
par exemple, l'indigène, en fait, considère la taxe comme un
impôt de plus dont il est frappé, et la valeur de ses denrées
ne s'en trouve guère affectée. Puis enfin, sur ces marchés,
les transactions entre indigènes sont bien plus nombreuses
que les transactions entre européens et indigènes. On peut
évaluer aux quatre cinquièmes, au bas mot, la proportion de

l'argent indigène qui entre dans le produit de la taxe sur les marchés indigènes, dans les communes mixtes.

Les amendes d'indigénat sont, elles aussi, payées par les indigènes : ces amendes proviennent des peines disciplinaires infligées par l'administrateur en vertu du Code de l'Indigénat. On alléguera peut-être que ce produit, vu son origine pénale, ne doit point être imputé à mérite aux indigènes. Mais là n'est pas la question : sans s'arrêter à faire remarquer que les faits passibles du Code de l'Indigénat sont de simples contraventions sans gravité, il s'agit seulement de savoir qui paie ces amende, lesquelles vont alimenter la caisse commune. Ce sont les indigènes : ce produit est donc à mettre encore à leur compte.

On en peut dire à peu près autant des amendes de police correctionnelle. Celles-ci sont payées par les indigènes pour une part seulement, mais pour la part la plus forte : les indigènes, en effet, sont d'abord beaucoup plus nombreux que les européens, et ensuite ils sont exposés, par leur état social, à tomber plus fréquemment dans des délits.

Les biens communaux, dont le prix de location alimente le budget, sont presque toujours des communaux indigènes. Il est bien rare que, dans les jeunes villages européens, on mette les communaux en location : ils sont jouis en nature ; mais si, par exception, on vient à les louer, il sera spécifié, cela est certain, que le produit de cette location, au lieu de tomber dans la caisse commune, conservera son affectation de *bien de section* et reviendra au village. Il n'en est pas de même des communaux indigènes : ceux-là sont bons à faire de l'argent pour la caisse commune, et ce sont eux que nous retrouvons dans la liste des ressources du budget, sous cette rubrique : *produit des locations communales.* Cela est si vrai, que plusieurs circulaires gouvernementales sont intervenues « pour protéger les biens des douars, dont les habitants doivent avoir la jouissance en nature, et spécialement les terres de parcours des tribus, contre la tendance des municipalités à amodier ces sortes de biens au profit de la caisse communale ». Mais ces prescriptions, comme beaucoup

d'autres, sont demeurées lettre morte, et la tendance signalée
a continué de produire ses effets dans les budgets communaux.

Voici, par contre, deux recettes du budget qui sont dues
tout entières aux européens : la taxe sur les loyers et la
taxe sur les chiens. Pourquoi faut-il ajouter tout de suite que
ce sont là deux maigres recettes? Elles représentent au plus,
à elles deux, dans les budgets des communes mixtes, un
centième de l'ensemble des recettes.

Des subventions, on peut encore dire que c'est l'argent
indigène qui en fait en bonne partie les frais, au moins pour
les subventions départementales. En effet, tandis que les
centimes additionnels à l'impôt arabe constituent l'un des
plus gros revenus des communes mixtes, une partie du principal de cet impôt va alimenter les budgets des départements
algériens ; il y forme, à lui seul, plus de la moitié des
recettes : 6.850.000 fr. sur 12.772.000 fr.

Nous en venons enfin aux prestations. Ce produit est le
plus considérable du budget, tant comme chiffre absolu que
comme valeur objective : il représente à lui seul cinquante
pour cent, en moyenne, des recettes totales ; et l'on convient
généralement que l'ouverture des voies de communication
est l'œuvre première de la colonisation. Or, ce sont les
indigènes qui, tant par eux-mêmes, parce qu'ils sont les plus
nombreux, que par leurs très nombreuses bêtes de somme,
fournissent la plus grande partie de ces prestations. Ce sont
donc eux, en dernière analyse qui, dans les communes
mixtes, font en grande partie les frais de l'œuvre de colonisation. Cela leur est d'autant plus méritoire, que, on le sait,
c'est à tort qu'ils soumis à la prestation.

Telles sont les ressources du budget. Nous en passons
quelques-unes : produit des patentes, produits des permis
de chasse, etc.; mais elles sont sans importance au regard
de celles que nous venons d'indiquer. Il faut ajouter cependant que ces ressources se complètent souvent par quelques
taxes dont les indigènes font encore tous les frais; telles
sont la taxe d'immatriculation des armes indigènes, la taxe
sur les fêtes indigènes, etc. Nous ne parlerons que pour

mémoire du produit des fourrières : nul n'ignore cependant que ces établissements ne sont la plupart du temps que des exploitations industrielles qu'alimentent spécialement les saisies faites sur les indigènes.

Passons aux dépenses.

Plus encore que pour les recettes, il est difficile, pour les dépenses, de faire un départ entre les éléments indigènes et les éléments européens, et de calculer dans quelle mesure les uns et les autres y contribuent ou en bénéficient. A l'encontre de ce qui s'est vu sur d'autres scènes, on arrive bien à peu près à savoir *d'où vient l'argent*, mais il n'est pas commode de savoir où il va, c'est-à-dire à qui il profite réellement. Cependant, si l'on prend une à une les données du problème, il est encore possible de parvenir à une approximation suffisante.

Les dépenses habituelles d'un budget de commune mixte sont : les frais généraux d'administration, les dépenses de police, la construction et l'entretien des bâtiments communaux, les dépenses d'enseignement primaire et d'assistance publique, les dépenses spéciales que l'administration supérieure fait solder par les communes mixtes; puis les travaux d'ouverture et d'entretien des chemins vicinaux et ruraux, et enfin les travaux divers d'utilité communale proprement dits : plantations, alimentation en eau, etc.

Les frais généraux d'administration constituent l'une des plus grosses dépenses du budget. L'administrateur et ses adjoints sont des fonctionnaires, et, comme tels, ils sont rétribués sur le budget de l'État. Mais il n'en reste pas moins à la charge de la commune bien des frais encore : traitements des secrétaires et employés, des chaouchs, des cavaliers de l'administrateur *(mekhaznis, deïras* ou *khialas)*, et des khodjas de douar; complément de traitement du khodja de l'administrateur et indemnité à ce même khodja à raison des travaux de l'état civil; indemnités aux adjoints des villages européens; remises du receveur municipal; salaire

du porteur de contraintes; traitement de l'architecte-voyer,
ou indemnité en tenant lieu; gratifications de fin d'année au
personnel communal; indemnités de logement aux secrétaire
et employés; frais de logement des adjoints à l'administrateur; achat et entretien du matériel des bureaux; achat et
entretien du mobilier de l'administrateur et de celui des
adjoints; complément des frais de bureau de l'administrateur;
frais de correspondance administrative; chauffage et éclai-
rage des cavaliers; part contributive pour frais d'impression
à la charge des communes; frais relatifs à l'assiette et au
recouvrement des impositions établies au profit de la commune, etc. Tout cela fait en moyenne 15 à 18 pour 100
des dépenses totales. C'est beaucoup. Nous ne dirons pas
que c'est trop, car ces frais généraux sont inévitables, et, à
part quelque exagération, ils répondent aux nécessités de la
situation. Mais c'est trop, en tout cas, pour le budget communal. Si l'on peut dire en effet jusqu'à un certain point que
notre administration a pour résultat d'assurer aux populations
indigènes l'ordre et la paix, et que par là ces populations
doivent avoir leur part dans les dépenses d'administration,
il serait excessif de pousser trop loin cette théorie. Car enfin,
et à voir les choses toutes nues, si l'armée française a conquis les populations indigènes de l'Algérie, et si le gouvernement français les administre, ce n'est pas dans l'intérêt
de ces populations, c'est dans celui de la France. On ne
saurait prétendre que nous sommes venus dans ce pays
pour faire administrativement son bonheur, comme on a dit
que Christophe Colomb avait été découvrir l'Amérique pour
gagner des âmes au ciel. Nous y sommes venus pour coloniser, et nous administrons les indigènes pour nous permettre
de coloniser. La raison d'être des communes mixtes étant
l'administration politique des populations indigènes comme
moyen seulement, et la colonisation comme véritable but,
qui ne voit que ce sont là deux fonctions d'état, qui devraient
être assumées par l'état? Nous en arrivons donc encore à
trouver dans notre budget, en dernière analyse, que les frais
généraux, qui sont supportés pour la plus forte partie par les

indigènes, profitent surtout à la colonisation, c'est-à-dire aux européens.

Ce que nous venons de dire des frais généraux, s'applique aussi aux frais de police. Les dépenses de sûreté générale, dans l'espèce, se rattachent étroitement à l'œuvre de la conquête.

On pourrait presque dire qu'il en est encore de même des dépenses relatives aux bâtiments communaux. En effet, les immeubles compris sous cette rubrique sont, en première ligne, les locaux de l'administration (logement et bureaux de l'administrateur, logement des adjoints, et souvent même de divers employés), soit que ces locaux appartiennent à la commune, soit qu'ils soient loués à ses frais; puis les mairies des villages, les écoles, les églises et presbytères : tous immeubles qui ont été construits, en règle générale, sur les fonds de la colonisation, et qui sont en effet logiquement œuvre de colonisation. Les dépenses qui les concernent sont en tout cas des dépenses d'intérêt surtout européen : car, en fait, on ne voit qu'exceptionnellement, dans les communes mixtes où il existe des centres européens, employer le crédit dont il s'agit à améliorer les bâtiments qui intéressent spécialement les indigènes (mosquées, *mahakmas* des cadhis, etc.) : le crédit passe généralement tout entier aux bâtiments de l'administration et à ceux des centres européens.

Les dépenses de l'enseignement primaire sont assurées dans les communes mixtes, d'abord au moyen de un sixième du produit de l'octroi de mer que la commune abandonne à cet effet, puis au moyen des crédits qu'elle inscrit à son budget pour compléter les frais de matériel et les frais accessoires.

Dans les écoles primaires françaises des communes mixtes, les élèves indigènes sont très peu nombreux, depuis surtout que le décret du 8 novembre 1887 a décidé que les indigènes ne seraient plus reçus dans les écoles mixtes : or, dans les communes mixtes, il n'y a guère que des écoles mixtes. Cette fâcheuse disposition du décret de 1887 est d'ailleurs en opposition avec un autre décret, celui de 1883, qui imposait aux communes l'obligation d'avoir une ou plusieurs écoles

pour les enfants européens *et indigènes*, et qui disposait :
« Les enfants indigènes sont reçus aux écoles publiques aux
mêmes conditions que les européens, et ils sont soumis aux
mêmes règles d'hygiène, de propreté et d'assiduité. »

Quant aux écoles indigènes, quoique, dans ces dernières
années, on se soit attaché de façon louable à les multiplier,
elles sont encore relativement peu nombreuses : il n'en
existe, dans l'ensemble des communes mixtes, que cent vingt-
neuf pour une population indigène de 2.425.000 âmes, alors
que l'on compte trois cent une écoles françaises pour une
population de 49.000 âmes. Et encore est-il bon de noter que
le plus grand nombre des écoles indigènes est accumulé dans
la région de la Kabylie, et que, par conséquent, certaines
communes mixtes (35 sur 73) en sont dépourvues. Il est
bon de noter également, d'une part que la population
scolaire est plus nombreuse chez les indigènes que chez les
européens, et d'autre part que les écoles indigènes coûtent
moins cher que les écoles françaises.

De tout quoi il résulte que, dans l'ensemble des dépenses
d'enseignement primaire supportées par les communes
mixtes, les indigènes tiennent une petite place au regard des
européens.

Les frais d'assistance publique comprennent : les secours
aux indigents, les distributions gratuites de médicaments,
les dépenses des enfants assistés et des aliénés, la part
contributive au traitement du médecin de colonisation et son
indemnité de logement, les dépenses d'hospitalisation (la
nouvelle loi sur l'assistance médicale gratuite n'est pas applicable à l'Algérie).

Les indigènes n'ont pas habituellement une bien grande
part dans les distributions de secours aux indigents ni dans
les distributions gratuites de médicaments, car les colons
des nouveaux centres ont vite fait d'épuiser à eux seuls les
fonds de secours et la pharmacie municipale. Les conditions
dans lesquelles s'effectuent les dépenses dont il s'agit varient
toutefois selon les circonstances et aussi selon l'appréciation
personnelle de l'administrateur. En tout cas ces dépenses

(on peut le regretter) ne sont que très peu de chose dans le budget : 0,20 pour 100 tout au plus.

Aux dépenses des enfants assistés, les indigènes n'ont aucune part : il n'y a pas, dans les communes mixtes, d'enfants indigènes assistés ; et aux dépenses des aliénés, ils n'en ont qu'une fort restreinte : il y a peu, dans ces communes, d'aliénés indigènes internés d'office.

Les indigènes ne participent également, dans les communes mixtes, que d'une façon très restreinte, en égard au chiffre de leur population, aux secours médicaux gratuits. Ces secours se bornent généralement, pour eux, aux soins donnés à l'occasion d'un accident, d'une épidémie ou d'une information judiciaire, et à quelques consultations au chef-lieu de la commune. Il ne faudrait point arguer, à l'encontre de cette assertion, de ce que, dans certaines communes mixtes, la population indigène tout entière est portée en bloc sur la liste des indigents admissibles aux secours médicaux ; cette admissibilité reste sur le papier, et elle n'a pour but que de permettre à l'administrateur, en cas de besoin, de faire visiter par le médecin quelques indigènes, exceptionnellement, pour les nécessités du service ou par suite de circonstances particulières. Le médecin de colonisation, son titre ne l'indique-t-il pas ? est surtout le médecin des colons. En fait, on n'a pas vu souvent, en dehors des cas ci-dessus, un médecin de colonisation aller, à 30 ou 40 kilomètres, soigner gratuitement dans son douar un indigène qui l'aurait fait appeler sous prétexte qu'il était inscrit sur la liste des indigents. Si tous les indigènes indigents devaient ainsi réclamer les soins médicaux, il faudrait décupler le nombre des médecins de colonisation.

Quant aux dépenses d'hospitalisation, qui constituent l'une des plus grosses charges du budget communal, elles profitent aussi beaucoup plus aux européens qu'aux indigènes, quand ce ne serait qu'en raison de la répugnance qu'éprouvent les indigènes des douars à se laisser soigner à l'hôpital. Si l'on dépouillait les feuilles de journées d'hôpital des communes mixtes, pour combien de colons ou de *rouleurs* — en

dehors toujours des cas d'accident ou d'information judiciaire, — y trouverait-on un ou deux indigènes ! Et pourtant, ici encore, ce sont les indigènes qui supportent en
grande partie les dépenses d'hospitalisation. Alors que dans
le budget communal ces dépenses sont assurées sur l'ensemble des ressources (lesquelles, dans leur ensemble,
viennent des indigènes), elles sont alimentées dans le budget
de l'état, qui supporte le gros de ces dépenses, par 6 centimes additionnels à l'impôt arabe.

Ajoutons, pour être juste, que depuis quelque temps,
le gouverneur, M. Cambon, a créé deux ou trois hôpitaux
pour les indigènes, et qu'il se livre à des expériences intéres-
santes en vue de vulgariser chez ceux-ci l'idée de recourir à
nos médecins ou à nos sages-femmes, de préférence à leurs
médicastres ou à leurs matrones. Mais ces essais sont encore
fort restreints, et l'on peut dire, en thèse générale, que les
dépenses d'assistance publique, qui sont assurées pour la
plus grande partie par l'argent indigène, profitent pour la
plus grande partie aux européens.

Les dépenses particulières que l'administration supérieure
trouve expédient de mettre à la charge des budgets des
communes mixtes sont, par nature, imprévues et variables;
il est donc impossible de les évaluer ici. Mais on a pu se
convaincre qu'elles n'ont pas précisément pour objet
l'intérêt des contribuables indigènes.

Voici maintenant une dépense importante : celle des
chemins vicinaux ou ruraux. L'ouverture des voies de communication est l'œuvre capitale de notre colonisation : *a priori*
elle apparaît donc déjà comme essentiellement et spécialement instituée dans l'intérêt des colons et de la domination
française. L'œuvre de la colonisation, dira-t-on, intéresse
l'avenir même du pays; elle touche donc également les indigènes, dont les intérêts sont liés à cet avenir : faire des
chemins augmente la valeur des propriétés des indigènes et
facilite l'écoulement de leurs produits. Cela est vrai dans
une certaine mesure. La colonisation, dans les pays conquis,
apporte-t-elle aux races indigènes une augmentation de

bien-être matériel, ou au contraire tend-elle à restreindre leurs conditions d'existence en leur créant des besoins nouveaux ? Quelques-uns se le sont demandé. Il faut bien avouer, en tout cas, que de semblables considérations, lointaines et médiates, échappent aux vues des contribuables indigènes, et il faut bien reconnaître, en fait, que les prestations, qui pèsent si lourdement sur eux, n'ont pas précisément pour but de répondre à leurs propres besoins. La propriété, au regard de la masse des indigènes et de sa conservation sociale, a surtout une valeur relative de production et de revenu, beaucoup plus qu'une valeur absolue en capital. Ce que les indigènes demandent à la propriété, c'est d'assurer leur existence : ils se soucient moins qu'elle augmente de valeur, car puisque ni l'épargne ni l'usage des valeurs mobilières ne sont encore entrés dans leurs mœurs, les moyens d'existence leur feraient défaut le jour où ils auraient aliéné, si cher que ce fût, leur propriété. Or, les routes et les chemins, dans cet état social, n'augmentent guère pour eux la production de la propriété, puisqu'ils écoulent leurs produits à dos de bête de somme, assez facilement pour leurs besoins. Ils ne possèdent pas, particulièrement dans les communes mixtes, de voitures ni de charrettes. À tort ou à raison, ils se passeraient de chemins vicinaux, et surtout ils voudraient n'avoir pas à contribuer à ceux que l'on fait pour leurs voisins européens. Cette contribution leur paraît d'autant plus choquante, qu'elle se produit sous la forme de la corvée : il ne leur semble pas équitable d'être emmenés, eux et leurs bêtes, très loin de leur douar, pour travailler à une route qui dessert un centre de colonisation, une compagnie industrielle, quelques fermes européennes, ou tout simplement l'exploitation d'un gros propriétaire.

Certes, il ne faudrait pas inférer de ces observations que nous estimions inutiles pour les indigènes les voies de communication ; elles ont une grande part dans l'œuvre de civilisation que nous appelons pour eux de tous nos vœux. Mais enfin, outre qu'il faut bien tenir compte de leur état d'esprit à l'égard de mesures dont la portée leur échappe, il est permis aussi de souhaiter que, là comme ailleurs, dans la pratique, on apporte un peu plus de justice, quand ce ne serait précisément que pour leur faire comprendre la portée de ces mesures. Ce n'est qu'à ce prix que, dans la répartition des charges et des profits budgétaires, les prestations ne constitueront plus une nouvelle inégalité.

Restent enfin les travaux d'utilité communale proprement dits que les communes peuvent entreprendre au moyen de leurs excédents budgétaires : travaux d'aménagement d'eau, plantations, travaux de voirie urbaine, etc. : n'y sont pas compris les travaux de construction ou d'entretien des bâtiments communaux, dont nous nous sommes occupés plus haut.

Ces dépenses, elles aussi, sont variables. Elles sont toutefois moins importantes qu'on pourrait le croire ; car, dans les communes mixtes qui comprennent des centres européens, il n'y a guère d'excédents budgétaires : les centres ont tout absorbé. Ces dépenses ne dépassent guère, en moyenne, 3 pour 100. Et ce sont les intérêts européens qui les absorbent encore pour une bonne part. Les deux plus importants parmi les crédits afférents à ces dépenses, le crédit des « aqueducs, fontaines et puits » et le crédit des plantations, vont presque tout entiers aux besoins des bâtiments communaux et des centres de colonisation. De même pour les autres, en général. Dans les communes mixtes où il existe des centres, ce n'est toujours qu'exceptionnellement qu'on se préoccupe de faire des plantations pour les indigènes, d'aménager leurs puits ou leurs sources, d'améliorer leurs cimetières, de reconstruire ou de reblanchir leurs *goubbas* ou édifices religieux. La preuve, c'est que lorsque les populations indigènes ont à cœur quelque entreprise de cette nature, elles prennent le parti, donnant en cela un bel exemple aux colons, de la réaliser à leurs frais et risques, au moyen de contributions privées, sans rien demander à l'administration.

Et ici encore, nous sommes obligé de le répéter, cette

inégalité de traitement est d'autant plus frappante, que la plupart des crédits de plantations, d'aménagement d'eau, etc., qui vont aux besoins européens, sont alimentés par des subventions; et nous savons que ces subventions, qui sont toujours exclusivement allouées aux centres de colonisation, viennent en grande partie de l'impôt arabe.

Voilà le budget d'une commune mixte. Quant aux quelques menues recettes et menues dépenses qui n'y figurent pas parce que, variables et particulières, elles ne sauraient figurer dans un tableau schématique, elles doivent être comptées comme une quantité négligeable.

Est-il besoin de résumer ce budget? Il est impossible matériellement, on l'a vu, de le résumer par une simple opération arithmétique et par une balance. Mais nous en avons assez dit, et cette analyse a été poussée assez avant, pour qu'on en puisse dégager cette conclusion, conforme à nos assertions : dans le budget d'une commune mixte, la plus grande somme des ressources est fournie par les indigènes, non seulement parce qu'ils sont, dans ces communes, les plus nombreux, mais parce qu'ils y supportent, absolument et individuellement, plus de taxes et d'impôts que les européens; et la plus grande somme des dépenses est affectée tant aux intérêts généraux de la colonisation européenne, qu'aux besoins locaux des européens, quoique ceux-ci y soient de beaucoup les moins nombreux.

Et la meilleure preuve qu'il en est ainsi, c'est que, comme on l'a vu plus haut, cette commune mixte, qui a soulevé autrefois tant de préventions, est devenue l'objet des convoitises. Bien des centres européens, faisant partie d'une commune mixte, ne se laissent plus ériger qu'avec regret en communes de plein exercice; d'autres, érigées déjà en communes de plein exercice, demandent même, par une régression singulière, à revenir à la commune mixte. Et les conseils généraux, qui naguère favorisaient à outrance et quand même le mouvement d'érection de tous les centres en communes de plein exercice, ont complètement modifié

leur manière de voir et favorisent aujourd'hui le maintien
de ces centres, ou même leur retour en commune mixte.
Aussi, les parts du gâteau se faisant moins grosses à mesure
qu'on est plus nombreux à partager, faut-il voir la résistance
qu'opposent les centres existant déjà dans une commune
mixte à ce qu'on en y annexe d'autres !

Est-ce que les électeurs et les éligibles de ces villages
feraient ainsi le sacrifice de leur autonomie municipale, s'ils
n'y voyaient pas certains avantages, c'est-à-dire des avantages
matériels très appréciables ?

Cette preuve est péremptoire, et, de quelque manière
qu'on s'y prenne, il est difficile de l'infirmer.

Ce qui vient d'être dit du budget de la commune mixte,
fera-t-on observer, n'est pas vrai tout au moins des communes
mixtes où il n'existe pas de centre européen. — Il est certain
que dans ces communes la question ne se pose pas entre
indigènes et européens, et que l'on y fait davantage pour
les intérêts des indigènes que dans les autres communes :
nous relenons justement le fait, et nous en prenons acte.
Toutefois, ces communes elles-mêmes n'échappent pas à
toute une partie des observations qui précèdent.

D'abord, si la question n'y est plus posée entre les centres
et les douars, elle s'y pose entre les douars eux-mêmes. Il
ne peut y avoir beaucoup d'intérêts communs, c'est-à-dire
des intérêts de caractère communal, entre ces territoires
étendus, éloignés les uns des autres, souvent mal découpés
et mal recollés, d'origines diverses, et quelquefois même
traditionnellement ennemis. L'étonnement de M. A. Ram-
baud(1), à la vue de ces territoires, ne laisse pas d'être amusant :
« — Leur population, s'écrie-t-il, peut se répartir en douze
ou quinze tribus ou confédérations, habiter trente ou quarante douars arabes épars dans le désert ou trente ou
quarante villages kabyles séparés par des ravins de profon-
deur vertigineuse, c'est toujours une commune ! »

(1) *L'enseignement primaire chez les indigènes musulmans d'Algérie*, 1892.

Puis, dans ces communes elles-mêmes, les intérêts étrangers aux besoins des indigènes ne perdent pas leurs droits. C'est là que se donne librement carrière cette tendance qui porte l'administration à puiser dans les budgets des communes mixtes pour solder les dépenses qui l'embarrassent! Et c'est là que se taillent à l'aise les frais généraux, lesquels nous l'avons vu, s'identifient quelque peu, en dernière analyse, avec les intérêts généraux de la domination et de la colonisation européennes. Ces frais y absorbent en général le meilleur du budget. En fait, d'ailleurs, les communes mixtes dont il s'agit se trouvent être formées d'importants territoires indigènes qui sont précisément ceux sur lesquels notre domination a besoin de s'affermir et où tout est encore à faire pour la colonisation.

Et l'on est bien obligé en effet, même quand on parle de communes mixtes où il n'y a que des indigènes, de tenir compte de cette éventualité de la colonisation. Nous avons pris comme type de commune mixte, dans ces considérations, une commune mixte *mixte*. Les autres ne sont, en droit, que l'exception et le provisoire. Elles sont destinées, par définition, à se rapprocher du type général de la commune mixte, c'est-à-dire à recevoir à leur tour un peuplement européen. Il est peu probable, pour certaines communes mixtes, comme par exemple celles de la région kabyle où la population indigène est déjà deux fois plus dense que la population du département de Seine-et-Oise, il est peu probable que le peuplement européen puisse de longtemps s'y réaliser; peu importe! Ces communes n'en sont pas moins administrables comme s'il devait en être ainsi, c'est-à-dire en vue de préparer la colonisation. Sans quoi, elles ne seraient pas des communes mixtes!

Qu'il y ait là une anomalie, ce n'est pas nous qui y contredirons. Nous avons eu déjà l'occasion de le faire remarquer: la conception primitive de la commune mixte a été faussée. Lorsque l'autorité militaire institua ces communes, elle n'entrevoyait pas l'extension que devaient prendre la colonisation et le peuplement européen. Dans sa pensée, et *pour longtemps* encore, le domaine de la commune mixte, c'est-à-dire les territoires où il y avait lieu de préparer la fusion des intérêts européens et des intérêts indigènes, devait se borner à la banlieue de quelques villes naissantes. Mais après les événements de 1870, après l'insurrection de 1871, après la période intermédiaire qui suivit et les rattachements successifs des territoires militaires au territoire civil qui vinrent encore étendre et compléter le nouveau régime, lorsque la commune mixte subsista seule et se perpétua au milieu de toutes ces transformations, elle n'était plus ce que l'avaient faite ni telle que l'avaient logiquement conçue les législateurs de 1868. Elle s'était étendue à tout le Tell, à tous les Hauts-Plateaux, qu'elle débordait déjà ; elle englobait le domaine des anciennes communes subdivisionnaires; elle comprenait, en réalité, non seulement les territoires mixtes, mais les territoires purement indigènes. Elle n'était donc plus une commune mixte. Ce vice dans sa conception devait porter ses conséquences.

Et lorsque la colonisation prit un subit essor, lorsqu'on se mit à créer un peu partout des centres avec des terres séquestrées ou expropriées sur les indigènes, lorsqu'on jeta ces centres comme des ilots au milieu des tribus, en les séparant entièrement de celles-ci, en en faisant des sections distinctes, douées d'une individualité propre, et en les fortifiant en quelque sorte contre leurs voisins indigènes, lorsqu'en un mot le centre se posa en face du douar, dès lors une situation nouvelle était née, en présence de laquelle l'ancienne commune mixte n'était plus qu'un non-sens.

Il ne s'agissait plus en effet, il ne pouvait plus s'agir de préparer *en commun* à la vie communale « les territoires sur lesquels la population européenne était installée, non pas assez agglomérée, assez compacte, assez dense, pour former une commune de plein exercice, mais cependant assez nombreuse pour qu'il y eût lieu de l'admettre à prendre une part aux intérêts *communs*. » Le rôle de la commune mixte se scindait en deux actions parallèles : l'administration des tribus indigènes d'une part, et d'autre part la création et l'administration des centres européens, c'est-à-dire la colonisation. Ces deux actions, en tant que parallèles, avaient peu de chance de rencontrer des points de contact. C'est qu'en effet elles s'appliquaient à deux ordres d'idées différents. Quoi qu'il en soit de cette considération supérieure, que les intérêts des indigènes sont finalement et rationnellement liés au développement de la colonisation, et quoi qu'il en soit de cette statistique, récemment invoquée, et de laquelle il résulterait que la population indigène s'accroît surtout autour des centres européens, — statistique qui aurait besoin d'être démontée pièce à pièce pour voir ce qu'elle vaut, et qui, à tout prendre, n'infirmerait pas la valeur de ces considérations, — il est certain, si l'on s'en tient au terre à terre de ce qui est, c'est-à-dire aux conditions dans lesquelles se présente actuellement l'œuvre de la commune mixte, il est certain que les intérêts des indigènes sont une chose et que ceux de la colonisation en sont une autre. Ainsi par exemple, quand, pendant un été très sec, le commandant supérieur de T... fit faire aux kabyles dix mille journées de corvée pour irriguer les terres des colons, il eût été difficile de persuader à ces kabyles que finalement ces corvées devaient tourner à leur profit. On aura beau dire, une colonie est un pays où il y a une race conquérante et une race conquise. Et jusqu'à ce qu'il y ait fusion entre ces deux races, les intérêts des vaincus seront sensiblement différents de ceux des envahisseurs. Cette proposition est d'une évidence qui tourne au truisme.

En tout cas, la forme d'une organisation communale ne se prête pas à la conciliation de ces intérêts. Qu'est-ce qu'une commune, si ce n'est une agglomération d'intérêts communs ? Organiser et réunir dans une seule commune des territoires indigènes et des centres de colonisation, c'est associer, au mépris du fait et du droit, des intérêts contraires. Une telle commune ne peut être qu'un trompe-l'œil, et un trompe-l'œil dangereux.

Et en effet elle présente, entr'autres, cette contradiction : en droit, les indigènes ayant la majorité dans la commission

4

municipale, c'est d'eux que dépendent les meilleurs moyens d'action de la colonisation ; en fait au contraire, les membres français étant les élus du suffrage universel et détenant par là l'influence politique, c'est d'eux que dépend l'administration des populations indigènes.

La même contradiction du droit au fait se répercute dans toutes les parties de l'organisme. Le conflit est partout.

Il est dans la commission municipale ; nous l'avons vu.

Il est dans le budget, qui est l'expression même de la vie communale : nous l'avons vu également.

Il est dans les sections de la commune : il est d'une part entre les sections européennes et les sections indigènes, qui sont réciproquement lésées par leur association, les sections indigènes, parce que leurs intérêts sont sacrifiés aux intérêts de leurs associés, les sections européennes, parce que, en définitive, si elles retirent de l'association des avantages matériels, elles ne le font qu'au prix d'un régime d'exception peu compatible et avec la légitimité du sentiment d'autonomie et avec les ordinaires ambitions de personnes ; — il est d'autre part entre les sections indigènes elles-mêmes, dont les intérêts respectifs, absolument séparés et souvent même opposés, ne souffrent pas moins d'une association forcée.

Le conflit est enfin dans l'administrateur, qui est écartelé entre ses devoirs contraires. C'est l'administrateur, il ne faut pas s'y tromper, qui a, dans l'œuvre de l'occupation et de la colonisation françaises, le rôle le plus important et le plus difficile. Pour dominer la lutte des intérêts en jeu, ce rôle suppose donc, sous un contrôle aussi rigoureux qu'on le voudra, une indépendance et une part d'autorité propres ; il suppose naturellement, avant tout, que l'administrateur reste en dehors et au-dessus des intérêts en jeu. Or, il se trouve qu'on fait de lui justement le mandataire de ces intérêts et qu'on l'abandonne aux influences politiques locales. Il n'a, sauf quelques pouvoirs disciplinaires, momentanés et restreints, que des attributions purement municipales ; et pourtant il est, avant tout, l'agent direct de l'admi-

nistration et responsable devant elle : elle ne se fait point
faute de le lui faire sentir lorsque les votes de l'assemblée
municipale n'ont point été conformes à ses vues et à ses
intentions.

Les administrés, de leur côté, admettent difficilement que
le représentant de leurs intérêts ne prenne pas toujours leur
défense. Les membres français de la commission municipale,
qui pouvaient croire qu'ils étaient appelés à participer effec-
tivement à la gestion des affaires, s'étonnent que ces affaires
soient réglées d'avance comme par un mot d'ordre. Les
membres indigènes, eux, ne s'étonnent pas : ils savent qu'il
n'y a pas à résister, et, avec leur beau fatalisme, ils sont
prêts à signer leur propre arrêt. Mais il y a scrupule à abuser
ainsi de leur passivité. Aussi l'administrateur se trouve-t-il
trop souvent avoir à choisir entre sa conscience et son
intérêt. Le plus souvent, il faut le dire à sa louange, il
n'hésite pas : il obéit à sa conscience. Mais c'est trop qu'il
soit placé dans cette alternative. De là, la triple suspicion
dont il est l'objet : tandis que, dans les sphères de l'administration supérieure, on l'accuse de « jouer de sa commission
municipale » pour se faire de la popularité, les colons
l'appellent le maire des arabes, et les arabes le nomment
tout bas le maire des colons.

Et quand on voit ainsi partout le conflit et la contradiction, on est tenté de s'écrier comme Berlioz : « — La règle est
violée ? tant pis pour elle ! c'est qu'elle s'est laissée faire. »
Il y a conflit et contradiction ? c'est que la question était
mal posée. L'application de la loi est faussée ? c'est que la
loi était mal faite.

Qu'est-ce que devient en effet, au milieu de tout cela, la
notion de commune ? Elle est bien loin ! on ne la retrouve
plus, on ne l'entrevoit plus, si *mixte* que ce soit.

Il en est d'elle, qu'on nous passe la comparaison, comme
de la définition classique de l'écrevisse : *petit poisson rouge
qui marche à reculons;* la définition est exacte, à cela près
que l'écrevisse n'est pas un poisson, ni petit, ni rouge, et
qu'elle ne marche pas à reculons. La commission municipale

n'a rien d'un conseil municipal; le budget n'a rien d'un budget communal; le fonctionnement ne ressemble en rien à celui d'une organisation communale; personne n'y est dans son rôle; le jeu des organes est faussé; il ne reste plus qu'une fiction.

Et alors pourquoi cette fiction?

Voilà l'antinomie qui forme tout le nœud de la question, et sur laquelle se sont confusément heurtées toutes les critiques et toutes les attaques qu'a subies l'institution des communes mixtes.

La commune mixte n'a d'une commune que le nom; elle n'est pas une commune.

Chez elle, l'organe n'est point approprié à la fonction : elle est impuissante à assurer l'évolution de l'une et l'autre, ou de l'une à l'autre, de ces deux idées qui sont tout son programme : l'administration politique des populations indigènes et la colonisation française.

La commune mixte ne répond donc point à son objet.

III

Essai d'une Réforme ;
Organisation des Territoires indigènes

Faut-il donc supprimer la commune mixte? et, si on la supprime, par quoi la remplacera-t-on?

D'abord, par quoi la remplacerait-on si on la supprimait?

Les critiques dont la commune mixte est ou a été l'objet dans le public, procèdent, on s'en souvient, de deux ordres d'idées opposés : soit des regrets où se complaisent les partisans de l'ancien mode d'administration des indigènes, qui tendent à recourir au droit d'exception, soit des revendications des assimilateurs, qui aspirent au droit commun.

Logiquement, il n'y a donc que deux solutions possibles ; et en fait on n'en a jamais proposé que deux : le retour au régime militaire, ou bien le rattachement en bloc des territoires des communes mixtes aux communes de plein exercice. Cela est forcé. La commune mixte étant le terme moyen, si on le supprime il ne reste plus que les deux termes extrêmes.

Nous arrêterons-nous à discuter la première de ces solutions? Il le faut bien, puisqu'elle a été formulée. Elle l'a même été, naguères, dans une enquête qui eut son heure de célébrité : « De toute part, y était-il dit, monte la même supplication : — Rendez-nous les bureaux arabes! »

Cette constatation qu'on prétend avoir faite, est-elle bien exacte? Il faut faire plus que d'en douter!

Que, dans un moment de découragement, quelques colons

victimes de vols de bétail, ou, dans un accès de scepticisme, quelques publicistes surpris d'une certaine recrudescence des crimes et délits, se soient écriés un jour : « — Ah! les choses ne se passaient pas ainsi sous les bureaux arabes! » et que, parmi les indigènes, quelques-uns, regrettant l'ancien ordre de choses féodal avec ses privilèges ou avec ses franches lippées, ou même, il faut le dire, se souvenant que du moins autrefois les choses et les gens du monde arabe étaient mieux défendus contre les européens, aient invoqué quelquefois le temps passé, — *saât el miniter* « le temps des militaires », — il n'en faudrait pas tirer une déduction aussi grave que celle d'une opinion générale et d'un cri unanime.

Ceux à qui ce cri est échappé seraient bien empêchés si on les prenait au mot, et si on leur rendait « les bureaux arabes! » Ce ne sont pas, en tout cas, les anciens colons, ceux qui les ont connus, qui les regrettent.

Ceci soit dit sans esprit de récrimination. Si nous étions tenté de juger sévèrement l'œuvre des bureaux arabes, nous aurions du moins le souvenir des hommes distingués qu'ils comptèrent, et nous n'aurions qu'à reporter notre pensée à l'homme éminent qui les représente aujourd'hui, ou plutôt qui leur a succédé, — et dans quel autre esprit! avec quel maîtrise d'information et quelle ouverture de sentiment! — M. le général de la Roque.

Mais si le régime de compression qui est inhérent à l'autorité militaire a eu son heure de nécessité et d'efficacité, cette heure est passée.

Pourquoi voudrait-on la faire revivre?

Ce n'est pas dans un but de simplification administrative, ni par mesure d'économie. Car chacun sait que le budget de la guerre est le budget le plus cher des budgets et qu'il faut plus de papier pour faire marcher une compagnie que pour administrer une commune de 3.000 âmes.

Ce n'est pas non plus, sans doute, dans le but de donner un nouvel essor à la colonisation, ni même de la protéger. L'erreur serait singulière. Dans cet ordre d'idées, nous sommes de ceux qui ne reprochent point tant aux bureaux arabes ce qu'ils ont fait que ce qu'ils n'ont pas fait. Nous ne parlerons pas du *soldat laboureur*, cette conception sentimentale dans le goût de 1848 que le maréchal Bugeaud avait popularisée : l'expérience de la colonisation militaire est faite et bien faite, si tant est qu'elle était à faire. Mais les bureaux arabes avaient du moins un programme tout indiqué : percer, ouvrir les voies à la colonisation et à la civilisation ; grâce à la main-d'œuvre considérable dont ils disposaient, ils eussent pu en vingt ans faire partout des routes et des chemins. C'est surtout à ce programme qu'ils ont manqué. Les anciens du pays pourraient dire à ceux qui songent à restaurer les bureaux arabes ce qu'étaient autrefois les territoires administrés par eux ; ils leur diraient si ces territoires n'étaient pas alors des territoires fermés, jalousement gardés, inaccessibles aux européens, et si ce n'était pas systématiquement que l'on s'abstenait d'y faire des voies de communication. C'est un fait : historiquement, la colonisation a été la bête noire des bureaux arabes, par cela même que, naturellement, la colonisation devait être la fin des bureaux arabes.

Assureraient-ils seulement la sécurité? Ils ne le pourraient plus.

Autrefois, armés de pouvoirs formidables (alors que l'on marchande aux administrateurs civils les moindres moyens d'action), et n'ayant affaire qu'à des tribus compactes, homogènes, disciplinées, soigneusement préservées de tout contact étranger, ils maintenaient l'ordre assez rigoureusement et assez facilement, — insurrections à part ! Mais aujourd'hui que leurs anciens territoires sont éventrés, que le contact a eu lieu, que l'élément européen a pénétré un peu dans tous les sens, que la propriété européenne est disséminée, isolée ou enchevêtrée sur tous ces territoires, que les liens de la compression se sont forcément relâchés, que la génération qui avait vu la conquête a disparu, que certaines idées sont nées ; pour tout dire, l'Algérie étant ce qu'elle est aujourd'hui, au lieu d'être ce qu'elle était alors, croit-on que les bureaux arabes y assureraient la sécurité aussi facilement et aussi

efficacement qu'autrefois? On les voit mal aux prises avec
ces difficultés, qui n'existaient pas de leur temps ; et même il
est permis de dire que, par essence, par leur principe et leur
raison d'être, ils seraient malhabiles à les résoudre. Le rôle
de l'armée n'est pas de gouverner les pays conquis.

Qu'on le sache donc bien : non! il n'y a pas en Algérie,
il n'y a pas eu un seul instant, un mouvement d'opinion dans
le sens d'un retour au régime militaire.

Il n'est pas nécessaire d'insister sur cette première solution.

Mais il n'en est pas de même de la seconde : le rattachement des communes mixtes aux communes de plein exercice.
Celle-ci, quoiqu'elle paraisse condamnée pour le moment,
au moins dans l'esprit de la métropole, est encore pré-
conisée très sérieusement en Algérie, et il y a toujours à
craindre un retour offensif de sa part. Elle procède de théories
très répandues. Elle est la grande tendance de la colonie.
On pourrait dire qu'elle est la tendance de toutes les colonies,
car partout et toujours les colons ont tendu à s'annexer les
territoires des indigènes.

Or, cette solution est grosse de dangers. Sous forme d'une
mesure administrative, elle touche à la politique, dans ce
que ce mot a de plus étendu et de plus exact; elle engage
l'avenir même de la colonie. Il faut s'y arrêter et s'y prendre
corps à corps.

Tout d'abord on entrevoit mal comment pourrait se réaliser
cette solution, et ce qu'elle donnerait dans la pratique. Certes,
à l'énoncé, elle n'est pas difficile à saisir : *supprimer purement et simplement les communes mixtes, et rattacher leur
territoire à celui des communes de plein exercice.* C'est clair.
C'est une idée simpliste; elle flatte notre penchant national
à l'uniformité. Mais cette idée, ne l'a-t-on pas formulée un
peu en l'air? A-t-on bien réfléchi au but que l'on se propose
et aux moyens à employer pour y parvenir? Comment et
pourquoi ces rattachements de territoires? Et qu'est-ce qui en
résulterait?

Comment procéderait-on? Dans un pays où les départements sont plus grands que les anciennes provinces françaises, où les arrondissements sont grands comme deux ou trois départements français, et les communes mixtes comme deux ou trois arrondissements, on veut faire des territoires indigènes, comme on l'a dit, une simple banlieue des villages européens. Cela est facile à dire : mais comment s'y prendra-t-on?

Les communes mixtes, on s'en souvient, constituent comme le fond de la carte du pays, et sur ce fond les communes de plein exercice apparaissent comme des taches ou des traînées de taches plus ou moins denses. Les communes mixtes représentent plus des quatre cinquièmes du territoire civil, et les communes de plein exercice moins de un cinquième. Mais il faut encore remarquer que, si l'on met à part les agglomérations de communes de plein exercice qui forment des nœuds de densité et des ténements étendus autour des grandes villes ou le long des grandes lignes de communication, il ne reste plus, en dehors de cela, qu'un petit nombre de communes de plein exercice perdues dans les vastes étendues des communes mixtes ; dans la région proprement dite des communes mixtes, les communes de plein exercice ne font plus sur la carte que quelques petites taches disséminées.

Et ce serait à ces rares et faibles noyaux qu'il s'agirait de rattacher ces vastes étendues! Voit-on bien ce que serait un tel territoire, et quel aspect il aurait sur la carte? Se rend-on bien compte de ce que seraient de telles communes? Conçoit-on des communes (et l'on serait forcément amené à ériger tout de suite en communes de plein exercice tous les centres de colonisation, même ceux qui ne seraient pas encore complètement peuplés ni organisés), conçoit-on des communes *de plein exercice*, c'est-à-dire des communes jouissant du droit commun dans toute son acception, jouissant de la plénitude de l'autonomie municipale, enfin des communes comme en France, qui seraient ainsi faites : 1.200 hectares de propriété européenne enclavés dans 300.000 hectares de propriété

indigène (propriété indivise, terrains de parcours, etc.);
150 colons installés au milieu de 25.000 indigènes, et ces
25.000 indigènes régis par ces 150 colons? Voit-on bien cela?

Et ce n'est là qu'une moyenne : il y aurait des communes
plus anormales encore que celles dont cet exemple est tiré.
Que fera-t-on en effet des grands massifs kabyles? les parta-
gera-t-on entre les deux ou trois centres qui y existent, et qui
demeurent sans espoir d'accroissement, puisque la population
indigène y est déjà deux fois plus dense que la population
du département de Seine-et-Oise? Donnera-t-on les 36.251 indigènes de la commune mixte d'Azeffoun aux 79 électeurs de
Port-Gueydon; les 24.594 indigènes de la commune mixte
de Dellys aux 24 électeurs de Tigzirt; les 53.070 indigènes
de la commune mixte de Fort-National aux 86 électeurs de
Fort-National, qui en ont déjà plus de 8.000; et les 61.049 indigènes de Djurjura aux 45 électeurs de Michelet, qui n'est
qu'un centre de fonctionnaires? Que fera-t-on des tribus des
Hauts-Plateaux et des tribus nomades du Sud? En fera-t-on
de simples sections de quelque hameau européen perdu à
200 kilomètres de leurs territoires d'estivage ou de leurs
territoires d'hivernage?

Et s'il en devait être ainsi, si l'on décrétait cette formidable
hégémonie, si l'on ne reculait pas devant une aussi inconce-
vable mesure, quels en seraient les motifs? De quelles graves
considérations, de quels intérêts supérieurs s'inspirerait-on?

Prenons les motifs les plus relevés parmi ceux qu'on
invoque. Annexer les territoires indigènes aux communes
de plein exercice, ce serait, dit-on, le meilleur moyen
d'amener à nous les indigènes, de les faire participer au
droit commun, de les façonner à notre état social, de les
faire bénéficier de notre civilisation, et par conséquent
d'assurer le mélange des races.

Si c'est là ce que l'on se propose, le but ne serait pas
atteint.

Tout d'abord, ce n'est pas le droit commun que les indigènes trouveraient dans les communes de plein exercice :
ce serait encore un droit d'exception. Dans les communes

de plein exercice, en effet, les indigènes continuent, de par la législation existante, à former une classe à part, inapte aux mêmes droits que les Français : ils nomment à part leurs conseillers municipaux, dont le nombre total, quel que soit le chiffre de la population indigène, ne peut jamais dépasser le quart de l'effectif total du conseil, ni dépasser le nombre de six ; et ces conseillers indigènes ne prennent pas part à l'élection de la municipalité.

Or, cet état d'exception est contradictoire de l'idée de commune.

La commune mixte, elle, est mixte ; elle prépare, ou du moins elle a pour objet de préparer, dans des formes plus ou moins appropriées, mais en tout cas sous un pouvoir régulateur externe (l'administrateur, qui est fonctionnaire d'état), le mélange progressif des intérêts. La commune de plein exercice, au contraire, suppose réalisé déjà ce mélange des intérêts : douée d'un pouvoir représentatif interne et autonome, elle gère ou doit gérer ces intérêts comme des intérêts homogènes et identiques. On a pu voir comment les européens des communes mixtes entendaient le mélange des intérêts : ceux des communes de plein exercice entendraient-ils mieux le mélange des races ? La commune mixte, telle qu'elle est constituée, n'est déjà pas une commune, c'est-à-dire un agrégat d'intérêts communs : à plus forte raison la commune de plein exercice que l'on rêve serait-elle encore bien moins une commune, puisqu'elle associerait encore plus étroitement des intérêts encore plus dissemblables.

Cette monstrueuse commune ne peut donc pas être considérée comme un instrument de fusion. Il est à remarquer d'ailleurs que les publicistes qui la rêvent proclament tous les jours que cette fusion est impossible. Nous sommes, nous, de ceux qui ne la croient pas impossible au contraire, du moins dans une certaine mesure. Nous croyons même que c'est bien en effet la commune de plein exercice qui sera la forme réalisée de cette fusion. Mais ce n'est pas la commune de plein exercice qui la réalisera. Elle est le but, et non pas le moyen.

Alors, chez les partisans de l'annexion des territoires indigènes, la fusion prend un nom plus précis : c'est la colonisation. On invoque les droits de la colonisation : la colonisation, cela s'entend, ce sont les colons. On précise encore un peu plus : l'annexion des territoires indigènes est nécessaire « pour *faire vivre* les communes européennes » ; c'est là l'expression consacrée. Elle les fait vivre, comme de juste, en leur procurant des ressources ; dans la communauté, les uns payent et consomment peu ; les autres ne payent pas beaucoup, mais ils consomment. Ainsi, dans certaines colonies animales, y a-t-il des pucerons travailleurs. C'est un peu là l'idéal des colons dans toutes les colonies humaines.

Un indigène, déclarait-on en 1884 au Conseil supérieur de l'Algérie, rapporte en moyenne 2 francs à la commune à laquelle on le rattache : ce chiffre est encore au-dessous de la vérité ; il faut y ajouter notamment les journées de prestation.

C'est ainsi, a dit un ancien ministre, que l'on fait des rentes aux colons et qu'on les leur verse en têtes d'indigènes. Jules Ferry avait déjà dénoncé « cette mise en coupe réglée des douars indigènes par les communes de plein exercice. »

N'y a-t-il donc pas d'autres moyens, pour « faire vivre » les communes européennes, que de leur constituer des fiefs indigènes? Et d'abord, ne faudrait-il pas commencer par empêcher ces communes de gaspiller leurs ressources? C'est avec raison qu'on a avancé « qu'un grand nombre, parmi les communes pauvres de l'Algérie, ne sont pauvres que parce qu'elles le veulent bien. » Et l'on citait comme exemple une commune qui, « ayant pleuré misère auprès de l'administration », et ayant fini par obtenir l'annexion de quelque territoire indigène, avait, comme premier usage de ce nouveau revenu, créé de nouveaux emplois municipaux et doublé l'indemnité allouée au maire, indemnité qui était pourtant déjà plus que suffisante pour une commune de cette importance. Il suffit d'ailleurs de jeter un coup d'œil sur les budgets des communes de plein exercice pour reconnaître que les frais d'administration y atteignent des proportions exagérées. « Dans les trois quarts de nos petites communes, ces frais absorbent plus de la moitié des revenus ; bientôt ils en absorberont les trois quarts. On se plaint ensuite qu'il ne reste rien pour les travaux communaux, ni pour l'assistance publique. » Et l'on cite encore des communes dont le revenu s'élève à plus de 80.000 francs, et qui ne peuvent faire face à leurs dépenses obligatoires, parce que ces communes ont une mairie et des bureaux qui, à eux seuls, absorbent plus de 40.000 francs. « Nos communes se sont habituées à dépenser sans compter : quand il y a un trou dans la caisse, on obtient toujours l'adjonction d'un douar dont l'impôt vient juste à point le boucher. »

De qui croit-on qu'émane cette critique suggestive ? de quelque « arabophile » ennemi de l'Algérie ? Point. Elle est tout simplement extraite des grands journaux algériens qui mènent contre « l'arabophilisme » la campagne que l'on sait.

Et cette critique est fondée. Il est certain que les jeunes communes algériennes ne font rien pour se débrouiller, qu'on nous passe le mot, et qu'elles attendent tout de l'administration. Elles sont prodigues : ce n'est pas étonnant, puisque ce n'est pas leur argent qu'elles dépensent. Quand leur budget est déséquilibré, quelle est leur première pensée ? Ce n'est pas de s'imposer, c'est d'imposer les indigènes.

Le moment est venu de renoncer à ces procédés : ils deviendront inutiles, au surplus, si les communes algériennes savent prendre la résolution digne et nécessaire d'entrer enfin dans la voie de l'initiative et de la responsabilité. C'est l'heure du *self-help*. Que les communes algériennes s'ingénient ; qu'elles s'imposent les sacrifices nécessaires ; qu'elles se restreignent, qu'elles administrent prudemment leur patrimoine ; qu'en un mot elles fassent tout simplement ce que font les communes de France !

Elles le peuvent, au moins dans une certaine mesure. Car il faut être juste : leur situation n'est pas la même. Chaque commune de la métropole dispose de la force emmagasinée des générations précédentes ; tandis que dans la colonie cette force commence à peine à se former. Les communes algériennes, et surtout celles qui représentent la colonisation et la production, c'est-à-dire les communes rurales, ont donc droit, transitoirement, à un régime spécial.

Mais, ceci reconnu, les jeunes communes algériennes pourraient au moins prendre exemple sur les mœurs administratives de leurs aînées dans la métropole. Nous connaissons un fonctionnaire algérien qui, après de longues années dans la colonie, étant passé dans l'administration de la métropole, fut surpris de trouver chez les communes un esprit d'économie, d'épargne, de quasi âpreté à la rigoureuse dispensation des deniers communaux, auquel il n'avait pas été habitué ; ce fut pour lui comme une révélation.

En définitive, combien y a-t-il en France de communes qui ont moins de 100 habitants ! Il y en a exactement 970. Il y en a 5.128 qui ont moins de 200 habitants. Et il y a 62 communes qui ont moins de 500 francs de revenus. Et elles vivent.

La colonisation elle-même, d'ailleurs, en est aussi à l'heure du *self-help*. L'œuvre de la colonisation d'État n'est peut-être pas entièrement achevée, car si elle n'a plus guère de terres à mettre en vente, elle a encore des travaux publics à exécuter ; mais tout le reste est affaire à la colonisation libre. Celle-ci est le grand facteur ; témoin la persistance de notre race au Canada.

On ne saurait trop le répéter : si depuis la conquête, le régime militaire, et après lui l'administration civile, avaient employé utilement les prestations et les centimes additionnels à des travaux d'intérêt local, s'ils avaient rigoureusement et intégralement appliqué, dans chaque région, les recettes locales aux dépenses locales, la colonisation serait en avance de cinquante ans, et elle n'aurait pas coûté la sixième partie de ce qu'elle a coûté.

En vérité, nous le pensons fermement : la colonisation *farà da se.*

Quoi qu'il en soit, et dans l'état de chose actuel, les besoins budgétaires des commune européennes ne sont pas une raison suffisante pour démembrer les tribus indigènes et les annexer arbitrairement à ces communes, au mépris de leurs propres intérêts. Les indigènes pourraient dire, si l'on érigeait ces abus en système, qu'on leur ment quand on leur fait envisager comme un progrès leur passage du régime militaire au régime civil; ils pourraient dire qu'au contraire, en territoire civil, leurs intérêts sont sacrifiés d'avance : peut-être même le pensent-ils tout bas.

Cela, il ne le faut pas. Il ne faut pas que le régime de droit commun leur apparaisse comme un régime de fiscalité et d'oppression. Il ne faut pas que notre domination leur soit plus lourde et plus odieuse que celle des Turcs ou qu'aucune autre qui l'ait précédée. La métropole a le devoir d'y veiller de très près, car c'est elle qui est responsable envers les populations conquises des conséquences de la conquête.

Il faut choisir entre deux conceptions : ou bien l'on admet que ce sont les populations conquises qui doivent, non seulement payer les frais de la conquête et les dépenses dites de souveraineté, mais encore subvenir aux frais de la colonisation et *faire vivre* les colons; ou bien l'on convient que la colonisation doit avoir un budget spécial, et que ce budget est un compte ouvert par la nation sur une première mise de capitaux remboursable par amortissement et productive d'intérêts au moyen des plus-values du fonds.

Dans le premier cas, c'est-à-dire si les indigènes doivent payer la colonisation, la solution est bien simple : que l'on affecte un certain nombre de centimes additionnels aux impôts indigènes, ou même une part déterminée de ces impôts, à constituer un fonds commun où s'alimentera le budget de la colonisation. Le reste de ces impôts sera laissé alors à ses diverses affectations; et les taxes communales, de leur côté, n'alimenteront plus que des dépenses vraiment communales. Ce système aura du moins le mérite de la franchise; l'argent sera mieux employé, et il y aura dans cet emploi plus d'équité et de vérité. C'est ainsi qu'avait procédé la domination romaine : une faible partie seulement des contributions dont elle frappait les indigènes allait dans la métropole, et elle leur rendait tout le reste en améliorations, dont elle bénéficiait en même temps qu'eux : ce qui fait que l'impôt romain n'avait pas pour les peuples d'Afrique le caractère oppressif d'un tribut de guerre.

Mais si ce ne sont pas les indigènes qui doivent payer la colonisation, si le budget de la colonisation n'est qu'un compte ouvert à la colonie, à qui il appartiendra plus tard de rembourser la mère patrie, alors la question posée n'a plus d'objet : nous n'avons plus à nous préoccuper de savoir comment *faire vivre* les communes algériennes, ni de leur annexer pour cela des territoires indigènes.

En réalité, dans ces revendications des communes de plein exercice, il n'y a trop souvent en jeu, sous le prétexte des intérêts supérieurs de la colonisation, que des intérêts privés. La preuve, c'est que si l'on venait dire aux municipalités : « — Vous voulez des territoires indigènes pour faire vivre votre commune ? C'est inutile : voici une combinaison qui permettra de satisfaire aux besoins de votre commune sans qu'il soit nécessaire de recourir à une annexion de territoire, » les municipalités ne voudraient pas de la combinaison et persisteraient à réclamer l'annexion.

Ils sont nombreux, en effet, ceux qui entrevoient dans ces annexions, à la faveur d'une prétendue liberté, qui ne serait que l'impunité pour eux, un nouveau champ ouvert à la spéculation. Ce sont des maires qui ne seraient pas fâchés de voir ajouter à leur modeste commune un fief indigène où ils pussent jouer au grand chef ou dont ils pussent se faire un revenu. Ce sont des trafiquants qui voudraient pouvoir négocier sans contrainte avec ces populations primitives chez lesquelles il y a toujours tant à gagner quand on n'est gêné ni par des scrupules ni par l'autorité. Ce sont des accapareurs et des agents d'affaires qui, après avoir ruiné les indigènes en frais de justice, achèteraient leurs terres à vil prix. Ce sont bien d'autres appétits encore. Car, en pays conquis, l'esprit de spéculation est prompt à se donner carrière. Cela à un nom dans la langue du pays : cela s'appelle « manger de l'indigène ». N'a-t-on pas vu en Algérie des affiches, annonçant une vente de propriétés, où figurait, parmi les revenus du fonds, le produit des procès-verbaux infligés aux indigènes ?

Et si on lâchait la bride à ces appétits, le spectacle rappellerait quelque peu, ne semble-t-il pas ? celui que les États-Unis ont donné au vieux monde quand en 1889 l'Oklahoma fut, d'un seul coup, à jour et à heure fixes, livré à l'invasion de 100.000 Yankees, campés sur les frontières et attendant le signal convenu pour se ruer sur cette proie.

Le tableau paraît chargé ? Pourtant ce ne sont point là des hypothèses ; et ces appétits, on les a vus à l'œuvre. Dans plus d'une commune, n'a-t-il pas été au vu et au su de tout le monde que le maire vivait de la mairie et vivait des indigènes ? L'annexion de tel douar à telle commune n'a-t-elle pas été réclamée et obtenue que parce que le maire de cette commune avait acquis dans ce douar, par dessous main et abusivement, des terrains dont il voulait plus à l'aise régulariser les titres ? Certains négociants ne sont-ils pas notoirement connus sur les marchés pour exploiter impunément les indigènes, dans leurs transactions, grâce à l'immunité municipale ? Ces faits sont dans la mémoire de tous, et des noms viennent aux lèvres. Plusieurs de ces faits et de ces noms ont même été jetés dans des débats publics ou judiciaires. Pour ne pas remonter bien haut, ne sommes-nous pas encore au lendemain des retentissantes affaires de Miliana, de Jemmapes, de Djidjelli, d'Aumale, et des suicides de Fort-National, de Maison-Carrée, de Lourmel et de Milah ? Faut-il rappeler qu'un témoin plutôt sympathique à l'Algérie, M. Hugues Le Roux, a pu dire qu'on écrirait un volume avec les seules aventures des maires algériens ? Faut-il rappeler qu'à la tribune de la Chambre et à celle du Sénat, plusieurs orateurs, et même des orateurs officiels, sont venus à diverses reprises dénoncer les abus dont les indigènes étaient victimes dans les communes de plein exercice ? Tout cela est connu ; tout cela est devenu légendaire.

Et même la légende, comme toujours, a amplifié la réalité et l'a quelque peu faussée. On a fini par trop décrier les mœurs algériennes, sans assez tenir compte des conditions spéciales où elles évoluent, sans assez tenir compte notamment, dans l'espèce, de ce fait qu'on est dans un pays neuf, où les gens ne se connaissent pas encore entièrement les uns les autres, et où les nouveau-venus sont souvent ceux qui se poussent à la tête des affaires. Nous ne voudrions pas, quant à nous, qu'on dépassât notre pensée. Il ne faut point généraliser illégitimement. Certes, tous les maires des communes de plein exercice n'exploitent pas leurs administrés indigènes. Disons même que ceux qui les exploitent sont des exceptions. Mais ce qu'il faut retenir, c'est que les maires désintéressés et dépourvus d'ambition, et les vrais colons, ne sont précisément pas ceux qui rêvent une mainmise sur les territoires indigènes.

Qu'on suppose d'ailleurs irréprochables tous les magistrats municipaux des communes algériennes; qu'on fasse abstraction chez eux de tout intérêt personnel: il reste encore à garantir leur compétence; il reste à garantir leur liberté d'action, leur force à résister aux tendances et aux appétits inévitables de leurs commettants; il reste à se demander s'ils auraient seulement le loisir nécessaire pour se consacrer à une tâche aussi lourde que celle qu'il s'agit de leur faire assumer. Nous ne parlons que pour mémoire du prestige, qui pourtant est peut-être utile pour gouverner des populations indigènes.

La commune de plein exercice, augmentée des territoires qu'on voudrait lui annexer et appelée à une fonction nouvelle, ne serait pas autre chose qu'une petite commune mixte avec les moyens d'action et le pouvoir pondérateur en moins, et des frais généraux en plus. Elle serait hors d'état d'exercer cette double et parallèle action, l'administration politique des populations indigènes et la colonisation, dont la pondération rationnelle est l'objet même de l'institution des communes mixtes, et qui constitue l'œuvre vive du gouvernement de ce pays.

Cette œuvre, qui incombe aux communes mixtes, est une œuvre grave et difficile. Elle se poursuit parmi les alternatives d'un conflit naturel et perpétuel. Elle exige, chez les agents du pouvoir qui y président, des qualités d'aptitude et une rare indépendance. Cette aptitude et cette indépendance, les trouverait-on toujours chez les maires des communes de plein exercice? Dès 1871, l'amiral de Gueydon avait, à cette question, répondu *non* carrément et un peu brutalement :
« — Un maire élu, trop souvent un cabaretier, déclarait-il, ne présente pas de garanties suffisantes pour qu'on lui confie l'administration des populations indigènes! »

Qu'on y songe; en effet : il n'y aurait pas que les maires des villes qui seraient appelés à administrer de vastes territoires; il y aurait aussi, et surtout, des maires de village. Et, quoi! ce sont ceux-là mêmes qui se plaignent de l'insécurité de la colonie et qui réclament, pour y remédier, les mesures d'exception les plus graves, la responsabilité collective notamment, ce sont ceux-là qui prétendent par ailleurs donner aux indigènes le droit commun et qui voudraient les faire gouverner par un maire de village! La contradiction est un peu forte; et l'on avouera qu'il est au moins douteux qu'un maire de village fût suffisamment préparé pour une pareille mission! Il est douteux par exemple qu'il pût fréquemment, comme le font les administrateurs, monter à cheval et s'en aller parcourir son territoire pour y assurer l'observation des lois et règlements généraux sur l'organisation et la police des indigènes, sur la conservation du domaine public, sur la préservation des massifs boisés, etc... Toutes ces importantes attributions seraient abandonnées à des agents subalternes sans responsabilité ni contrôle : et il n'est pas besoin de rappeler encore ici tant d'exemples d'oppression de toute une population indigène par un secrétaire de mairie, par un garde champêtre, par un simple chaouch.

Tout cela est tellement vrai, que non seulement le mouvement qui tendait à annexer des territoires indigènes aux communes de plein exercice a dû être enrayé, mais que de bons esprits songent à revenir sur les faits accomplis et à distraire de ces communes les territoires déjà annexés.

En 1890, le gouverneur, dans son compte rendu au Conseil supérieur, déclarait que les annexions effectuées ne donnaient pas de bons résultats; et il allait jusqu'à émettre l'avis que ces annexions étaient l'une des causes de l'augmentation de la criminalité.

Burdeau et M. Jonnart, dans leurs rapports sur le budget de l'Algérie, se sont préoccupés, eux aussi, de cette situation. Pour y remédier partiellement, le gouvernement a même dû prendre une mesure significative : c'est la création de fonctionnaires spéciaux, — des administrateurs détachés du service des communes mixtes, — chargés de surveiller, sous l'exclusive dépendance de l'administration, les agglomérations indigènes des communes de plein exercice. Et les municipalités des communes de plein exercice ont tellement bien ressenti les bons effets de cette institution, qui portait cependant atteinte à leurs prérogatives, que les voici qui émettent le vœu de voir conférer à ces administrateurs spéciaux des pouvoirs plus étendus.

Le système des annexions a rencontré une certaine opposition jusque dans les milieux algériens. On cite tel maire d'une ville importante, à qui l'on offrait des douars pour sa commune, et qui les refusa en disant « que ce n'était point son affaire d'administrer des territoires indigènes ». On pourrait trouver aussi plus d'une curieuse objection à l'annexionnisme dans les journaux algériens les moins suspects d'arabophilisme : sans trop de souci, comme toujours, de la logique, ils sont amenés par des voies imprévues à faire ressortir les inconvénients et les dangers de mesures qui constituent pourtant l'un des principaux articles de leur programme habituel de revendications. Nous en avons donné un peu plus haut quelques exemples; on en pourrait citer d'autres aussi topiques.

Quant aux indigènes, les consulterons-nous à leur tour? Ce ne serait que justice qu'ils eussent voix au chapitre, car en somme ils sont les premiers intéressés : ce sont eux qui

sont l'objet du marchandage en cause ; ce sont leurs territoires qu'il s'agit de se partager. Mais, après ce qui précède,
est-il bien nécessaire de leur demander leur avis ? Il est
évident qu'ils n'ont aucun intérêt à être annexés, qu'ils ont
tout à y perdre, et qu'ils ne veulent pas l'être. On a beau
dire tous les jours le contraire, et le leur faire dire, ils ne le
veulent pas. Certains d'entre eux, qui appartiennent aux
banlieues européennes, et qui, d'un demi-contact avec les
européens, ont commencé, comme cela arrive fatalement,
par en retirer ce qu'il y avait de moins bon, peuvent bien
souhaiter l'annexion parce qu'ils y entrevoient, eux aussi,
une certaine liberté qui pourrait bien être de l'impunité ; et
ils la demandent en effet quelquefois. Mais les indigènes des
tribus, qui constituent presque toute l'étendue des communes mixtes, ne souhaitent assurément pas le démembrement de leurs tribus au profit des communes européennes.
Il est aisé de se rendre compte de leurs motifs : *timent
Danaos...*

Voici une délibération de la commission municipale d'une
commune mixte qui contient à cet égard des indications
extrêmement curieuses. Il s'agit de la commune mixte de S...
La commission a à émettre son avis sur un projet d'érection
en commune de plein exercice de l'un de ses centres, le
village de F..., auquel on propose, dans ce but, d'annexer
les douars de T... et de S... et B... Les membres européens
parlent les premiers et appuient le projet. Puis les membres
indigènes ont la parole :

Si D... ben Z..., Adjoint indigène de T... *(l'un des douars à rattacher) :*
— Les indigènes de T... n'ont aucun rapport, aucun intérêt commun
avec le village européen de F..., et il n'y a aucune raison pour que l'on
annexe notre territoire à un centre dans le seul but de lui procurer des
ressources. Que les gens de F... s'érigent en commune de plein exercice,
s'ils le veulent, mais qu'on ne nous force pas à entrer dans cette combinaison. Qu'on laisse chacun juge de ses intérêts, et qu'on ne sacrifie
point les intérêts des uns aux intérêts des autres. Nous redoutons par
dessus tout les frais de justice, et nous savons que les colons, si on nous
place sous leur coupe, nous épuiseront en procès et finiront par manger
notre fortune. Nous savons au contraire que, sous le régime actuel, celui

qui commet une faute est puni disciplinairement d'une amende et de la prison, et qu'il retourne après à ses affaires, sans avoir d'autres suites à redouter. Les indigènes tiennent à rester sous l'autorité administrative : ils ne veulent pas être commandés par des maires, car ceux-ci sont nommés, non par le gouvernement, mais par la politique, à laquelle les indigènes sont étrangers. Nous appartenons à une grande tribu qui est restée fidèle pendant la dernière insurrection. Si de nouveaux troubles survenaient, c'est au siège de l'autorité que nous irons nous rallier, comme nous l'avons déjà fait ; nous n'irons point à F... nous ranger sous les ordres d'un maire de village. Les voleurs et les coupeurs de route ont seuls intérêt, parmi les populations indigènes, à ce que ces populations soient rattachées aux centres européens : eux seuls se réjouiront de l'adoption du projet, car ils savent que c'est l'impunité qui commence pour eux. Quant à nous, non seulement nous subirons leurs méfaits, tout comme les européens, mais encore nous en porterons la responsabilité, comme de coutume.

Si H... ben Z..., adjoint indigène de S... (l'autre douar intéressé), se range à ces observations et émet un avis également défavorable.

M. B..., membre français, croit devoir faire observer aux membres indigènes qu'ils se méprennent sur la portée de la mesure en discussion. Sans doute ils ignorent ce qui se passe dans les communes de plein exercice, car sans cela ils n'en parleraient point de la sorte. Les européens, en attirant les indigènes à eux, veulent, non point les opprimer, mais les émanciper comme eux.

Si L... ben A...., adjoint indigène des D...., répond que si les indigènes parlent des communes de plein exercice et redoutent d'y être rattachés, c'est qu'ils savent au contraire fort bien ce qui s'y passe, et que ce qu'ils en savent n'est pas fait pour les attirer. Ce qu'ils veulent, et ce dont ils ont besoin, c'est une autorité ferme qui protège les honnêtes gens contre les coquins, et qui ne donne point indistinctement aux uns et aux autres les mêmes droits.

Si S... ould S..., adjoint indigène de N..., appuie énergiquement ces observations. Il ajoute : Les européens ont leurs mœurs, les indigènes ont les leurs. S'il y a lieu d'espérer que celles des indigènes se rapprochent un jour de celles des européens, il n'en est pas moins certain qu'actuellement les choses n'en sont point encore là. Par conséquent, il ne faut pas venir nous dire que c'est naturellement que vous voulez nous amener à vous. L'autorité en fera ce qu'elle voudra, mais puisqu'elle nous consulte, c'est qu'elle désire que nous lui fassions connaître nos vœux. Nous espérons qu'elle en tiendra compte : sans cela, ce n'était point la peine de nous consulter, puisqu'elle est toute puissante.

Tous les membres indigènes se rallient à ces paroles et émettent un avis défavorable au projet.

Cette délibération, une part y étant faite à la passion, peut être considérée comme typique, car les considérations qui y sont développées trouvent leur application dans la généralité des cas. Les membres indigènes des commissions municipales ne s'expriment point d'ordinaire avec une telle liberté de langage : c'est peut-être justement parce que cette liberté leur manque d'ordinaire. S'ils se montrèrent cette fois moins passifs et moins résignés, c'est sans doute parce qu'ils savaient l'administrateur opposé comme eux au projet.

De quel droit, donc, annexerait-on les populations indigènes aux communes de plein exercice, alors que cette annexion est absolument contraire au vœu comme à l'intérêt de ces populations? Ce serait leur appliquer une théorie brutale de la force, dont notre propre pays fut victime, et qu'il condamne hautement chez les autres nations.

Et quelles en seraient les conséquences? Ce que sont partout et toujours les conséquences de la force brutale. Il y a encore, dans la délibération que nous venons de transcrire en grande partie, un mot non moins caractéristique que tout le reste. C'est un membre français qui le prononça, un membre qui, pour des raisons spéciales, se trouvait ne pas goûter le projet d'annexion :

« — Il n'est jamais bon, disait-il, de violenter les vœux d'une population : tôt ou tard les suites de cet abus se font sentir. »

Il disait le mot de l'avenir, de l'avenir que l'on se préparerait par de telles mesures. Dans toutes les colonies, les colons n'ont jamais que les indigènes qu'ils méritent. Ces mesures, sait-on ce qu'elles contiennent? Elles contiennent les germes du prolétariat indigène, comme en même temps l'esprit de race qui les inspire contient les germes du séparatisme. *Finis coloniæ!*

Puisque, pour remplacer la commune mixte, il n'existe que deux solutions, — le retour aux bureaux arabes ou l'annexion aux communes de plein exercice, — et que ni l'une ni l'autre de ces deux solutions n'est possible, il s'ensuit logiquement que la commune mixte répond à une nécessité.

Et, en effet, y a-t-il, oui ou non, en Algérie, quelque chose de plus, ou autre chose, que ce qu'il y a en France? et réciproquement n'y a-t-il pas en France quelque chose qu'il n'y a pas encore en Algérie? Une province algérienne peut-elle d'ores et déjà s'administrer comme un département français? Le centre d'Aïn-ech-Chi ou la tribu des Oulad-Sidi-Flane ressemblent-ils trait pour trait à la commune de Pontoise?

Toute la question est là.

Cette question s'est posée toutes les fois que deux races de culture et d'âge différents se sont trouvées en contact et appelées à évoluer en présence l'une de l'autre sur un même habitat. Avant la nôtre, la domination romaine avait eu déjà ses communes mixtes; les provinces procuratoriennes d'Afrique n'étaient pas autre chose. De nos jours, aux États-Unis, la constitution des *Territoires* répond, sous certaines différences, à la même idée, c'est-à-dire au même besoin d'une organisation transitoire.

C'est qu'en effet, dans les colonies ou dans les pays neufs moins que partout ailleurs, on ne peut décréter le progrès. La loi y doit-être, plus que partout, le rapport nécessaire des faits : elle ne doit pas devancer ni forcer les faits. La conquête morale, la fusion des intérêts et des races, trouveront leur expression dans le droit commun : mais cela suppose l'évolution d'un droit intermédiaire. Ce droit intermédiaire est caractérisé historiquement dans l'espèce par la période de la commune mixte. Et voilà pourquoi la commune mixte répond à une nécessité.

Mais si la commune mixte répond à une nécessité, elle ne répond pas, en fait, à son objet.

Conséquence : il faut, non pas supprimer la commune mixte, mais la réformer.

Il faut la rendre conforme à son objet, il faut qu'elle atteigne le but, qu'elle remplisse la fonction, qu'elle produise l'effet utile, en vue desquels elle avait été créée.

En d'autres termes, il nous faut un organisme propre,

ayant la raison d'être et l'objet de la commune mixte, avec
des organes et des moyens d'action mieux appropriés.

Est-il impossible de réaliser un tel organisme ?

Nous ne le pensons pas. Et nous allons indiquer comment
nous le concevons.

La solution que nous apportons paraîtra sans doute toute
simple, et elle l'est en effet. Elle découle virtuellement de
l'exposé même de la question, dont il n'y a plus qu'à tirer
les conséquences.

Qu'a-t-on pu constater au cours de cet exposé ?

C'est, tout d'abord, que la législation de 1868, à laquelle
la commune mixte doit ses origines, s'était inspirée, comme
principe directeur, de l'idée de commune. L'organisation en
communes, non seulement des villes, mais de tous les
villages, centres ou fractions de territoire qu'il était possible
de constituer en communes plus ou moins rudimentaires,
fut la pensée immédiate du gouvernement français, dès
qu'il s'installa en Algérie, et avant même qu'il songeât à
asseoir un régime définitif. Tous les systèmes expérimentés,
tous les essais d'organisation tentés, procédèrent, dans une
mesure variable, de la conception de la commune ; et il est
à noter qu'ils ont présenté d'autant plus de stabilité qu'ils
se rapprochaient davantage de cette conception. Alors que
tous les rouages de l'administration étaient à chaque instant
démontés, remaniés, replacés et changés, l'organisation naturelle du pays, suivant un mouvement de transformation lent,
mais régulier, tendait à la réalisation de l'idée de commune.

En effet, de tous les organismes politiques, la commune
est celui qui, chose essentielle dans un pays neuf, produit
la plus grande somme d'individualisme. Tocqueville y voit
l'école primaire de la liberté : or, les jeunes pays ont besoin
d'aller à l'école, comme ils ont besoin de liberté.

L'idée de commune, qui est en quelque manière une idée
innée, se dessine d'elle-même, comme les veines du marbre
de Leibnitz, dans tous les groupes ethniques : la commune
n'est pas autre chose, à tout prendre, qu'une forme élevée

de la tribu. Ce qu'il y a de certain, c'est que les tribus sémitiques de l'Afrique du Nord, et notamment nos tribus algériennes, renferment, ainsi qu'on le verra plus loin, dans leur race et dans leurs traditions, tous les linéaments de l'organisation communale.

La réforme de la commune mixte doit donc procéder de l'idée de commune : ce n'est point ailleurs qu'il faut chercher la raison d'être de cette réforme.

Si la commune mixte ne répond pas à son objet, c'est évidemment que son organisme a été faussé. C'est une commune qu'on a voulu faire, et il se trouve qu'elle n'a rien d'une commune. Il s'agit donc de lui restituer ce que l'on a appelé « les attributions naturelles de la commune. »

Ce qu'on a pu constater d'autre part, au cours de l'exposé qui précède, c'est que la commune mixte est une agrégation de sections qui constituent par elles-mêmes autant de personnes civiles. Lorsque la commune mixte a à exercer sa personnalité civile, c'est presque toujours au nom d'une section, et en empruntant les droits de cette section, qu'elle l'exerce. L'entité de la commune mixte ne se discerne pas en soi. L'administrateur administre séparément chacune des sections par l'intermédiaire de son adjoint français ou indigène, en faisant un traitement propre à chacune d'elles. Il n'y a pas seulement, dans la commune mixte, deux éléments contraires, l'élément européen et l'élément indigène ; il y a encore autant d'éléments différents que la commune mixte renferme de parties, car celles-ci affectent entre elles une naturelle indépendance. Il n'y a souvent pas beaucoup plus de communauté d'intérêts, dans une même commune mixte, entre deux douars éloignés l'un de l'autre, ou entre deux villages européens, qu'il n'y en a entre ces villages et ces douars.

Ce qui apparaît en un mot, d'une vue d'ensemble, c'est que la commune mixte n'est pas *une commune*, mais qu'elle est *plusieurs communes*.

Il faut donc séparer ces communes les unes des autres et rendre à chacune d'elles son individualité et son autonomie.

Les grandes lignes de cette réforme se conçoivent aisément.

La commune mixte disparaît en tant que commune; chacune de ses sections devient une commune, et la commune mixte ne reste plus qu'à l'état de circonscription, à l'état d'une simple subdivision territoriale, qui comprend les communes ainsi formées.

Ces nouvelles communes exercent leur autonomie par l'organe de leurs conseils municipaux et de leurs municipalités, dans des formes déterminées, sous la tutelle et avec l'assistance de l'administrateur.

Dans ces conditions, le maintien des centres européens dans la circonscription territoriale qui remplace la commune mixte n'a plus de raison d'être. Comme toutes les sections de la commune mixte, ces centres deviennent autonomes, deviennent des communes : posons en principe qu'on en fera tout de suite et sans plus attendre de vraies communes, des communes pour tout de bon.

On érigera donc en communes de plein exercice, dans la plus large mesure possible, tous les centres européens créés par l'administration ou formés par l'initiative privée, dès que ces centres présenteront un noyau de population française, si peu important soit-il, et dès qu'ils seront dotés de bâtiments et ouvrages communaux et des voies d'accès, que la colonisation a coutume de prendre à sa charge.

Telle devra être la règle, et cette règle n'est pas pour trouver des contradicteurs parmi les partisans du droit commun. Il n'est jamais trop tôt pour mettre les immigrants et les colons à même de faire acte d'initiative, de responsabilité et de liberté; et les scrupules d'une administration qui craindrait de perdre son action sur eux et de les livrer à eux-mêmes, ne seraient pas pour nous toucher.

Nous ne nous arrêterons pas à cette objection : « — Comment les centres européens détachés des communes mixtes feront-ils pour vivre? » Nous y avons répondu déjà. Nous nous sommes expliqué très nettement sur ce point, qui touche à un ordre d'idées plus général et aux principes mêmes de la colonisation. De deux choses l'une : ou bien les peuples conquis doivent faire les frais de la colonisation, ou bien la colonisation se fait au moyen d'une avance de fonds de la métropole. Dans le premier cas, qu'on prélève sur les impôts indigènes un quantum destiné à former un fonds commun de colonisation : moyennant quoi, on laissera aux douars-communes le reste de leurs taxes communales et de leurs centimes additionnels, avec la faculté d'en disposer eux-mêmes et pour eux-mêmes. Dans le second cas, nous n'avons pas à nous préoccuper ici des moyens de *faire vivre* les centres de colonisation.

Quant aux centres en voie de création, et qui ne peuvent pas être encore érigés en communes de plein exercice, ils seront administrés provisoirement, directement et séparément par l'administrateur. Mais ce provisoire n'aura qu'un temps très court : le temps tout juste d'allotir ces centres, de les construire et d'y amener un noyau de population. Et il convient de remarquer que, dans cet état, ils ne forment pas, à proprement parler, une unité administrative : ils constituent une simple opération de colonisation. Ils n'ont point encore d'individualité ni même d'existence : dès qu'ils en auront une, ils deviendront *de plano* des communes de plein exercice, et ils n'auront plus rien de commun avec l'administrateur.

La circonscription qui remplace l'ancienne commune mixte ne comprend donc plus que des territoires indigènes.

Pour plus de clarté, nous désignerons à l'avenir cette circonscription sous le nom de *district,* et le chef de cette circonscription, qui remplace l'administrateur, sous le nom de *commissaire civil;* les nouvelles communes formées par les anciennes sections de la commune mixte prendront le nom, uniformément, de *douars-communes,* et les adjoints indigènes de ces sections, celui de *maires de douar-commune.* A une situation nouvelle conviennent des termes nouveaux, ne fût-ce que pour échapper à la défaveur qui, pour certains esprits, s'était attachée à l'ancien ordre de choses et aux anciennes dénominations. Aussi bien, si l'on devait, en vue d'une réforme, chercher en effet des dénominations nouvelles, celles que nous indiquons paraissent les plus simples et les plus naturelles : elles ont le mérite d'être familières aux populations ; car, sans parler des douars-communes et des maires de douars-communes, qui sont d'appellation courante, ces populations ont connu autrefois, sous une organisation précédente, des districts et des commissaires civils.

Reprenons donc notre ancien exemple. Soit la commune mixte de X..., qui comprenait seize sections : trois centres français et treize tribus ou douars-communes.

Deux des centres étant achevés et à peu près peuplés, sont érigés tout de suite en communes de plein exercice. Le troisième, étant en voie de création, reste temporairement sous la direction personnelle du commissaire civil, spécialement chargé d'en achever la création et d'en procurer aussitôt après, l'érection en commune de plein exercice. Le reste de la commune mixte, c'est-à-dire les sections indigènes, forment un district sous l'autorité du commissaire civil. Chacune de ces sections, sous le nom général de douar-commune, devient une commune autonome.

Cette évolution ne sera pas difficile à réaliser. Elle se fera toute seule, pourvu seulement qu'on la laisse faire.

Le douar-commune est déjà, par définition, une commune ou une forme particulière de commune. Il a une assemblée municipale, la *djemâa* ; il a des biens communaux. Le sénatus-consulte de 1863, qui l'a créé, lui réservait une vie municipale beaucoup plus intense que celle qui lui a été faite.

La tribu, elle aussi, est bien près d'être une commune. Elle ne diffère du douar-commune que par une nuance inappréciable dans la pratique. Elle a tout comme lui des biens communaux ; elle a sa djemâa, que reconnaît un décret de 1870.

Qui ne sait que, parmi ces douars ou tribus, ceux des massifs berbères présentent déjà des modèles absolument remarquables de constitution et d'organisation municipales ?

Quant aux autres, et dans tous les territoires, ils renferment aussi des germes profonds de vie communale. Les *gentes* elles-mêmes, ces tribus des Hauts-Plateaux et de la région saharienne qui étaient demeurées quasi indépendantes de l'autorité romaine, avaient déjà une assemblée de notables, nous allions dire un conseil municipal, qui assistait le *princeps gentis* dans la gestion des affaires de la tribu.

Ce n'est que par suite de simples contingences que ces germes ne se sont pas développés. Les diverses dominations qui se sont succédées après les Romains sur les territoires actuels de l'Algérie, y avaient à dessein perpétué la féodalié indigène, instrument commode dans les mains d'un gouvernement étranger, au détriment de l'idée de commune (1), suspecte de résistance et de rébellion. C'est, pour ne parler que de la domination qui a précédé la nôtre, ce que firent les Turcs : ils ne purent même jamais pénétrer dans les massifs, comme le Djurjura, où s'était réfugiée l'idée de commune. Quand vint la domination française, le régime

---

(1) Si l'on voulait aller au fond des choses, quelques-unes des expressions employées ou des généralisations indiquées au courant de ces pages auraient besoin d'être justifiées ou expliquées. Par exemple, si nous avons parlé plus haut des « tribus sémitiques de l'Afrique du Nord », ce n'est pas que nous ayons voulu exclure l'hypothèse d'éléments chamitiques, d'éléments aryens ou d'autres éléments encore, dans la formation de cette masse confuse de peuples autochtones que les anciens englobaient sous le nom de Libyens, que Tite-Live désignait sous celui de *Libyphenices*, que Masqueray proposait d'appeler « les Africains », et que l'on désigne communément aujourd'hui sous l'appellation générale de Berbères. Au contraire, selon nous, c'est à tort que l'on considère l'infiltration arabe, provenant de l'invasion hilalienne (déjà elle-même fortement mélangée), comme prédominante dans l'Afrique du Nord ; c'est à tort notamment que, dans notre Algérie, on établit une démarcation aussi tranchée (les grands groupes kabyles étant évidemment mis à part) entre ce que l'on appelle les tribus arabes et les tribus berbères : telle tribu dite arabe diffère très peu, si l'on va au fond des choses, de telle autre tribu dans laquelle on reconnaît des éléments berbères : elle est plus arabisée, voilà tout ; mais nous ne connaissons pas de tribu arabo pure.

D'autre part, l'idée de commune, telle qu'elle apparaît ici, et son opposition à une féodalité indigène, ne laisseraient pas d'étonner les historiens qui ont renouvelé dans ces derniers temps, et déterminé scientifiquement, les anciennes conceptions de la commune et de la féodalité. Aussi n'avons-nous entendu faire aucun rapprochement historique. Les contingences de l'histoire ne sont que des formes diverses du développement sociologique ; et c'est aux faits les plus généraux de ce développement que nous avons entendu nous référer.

Et sur ce terrain encore, nos assertions auraient-elles besoin d'être complétées

militaire issu de la conquête ne fit guère que copier les
Turcs : le principe d'autorité et de commandement, qui était
la raison d'être de ce régime, se fût mal accommodé d'une
constitution municipale avec ses franchises et ses revendications.

Mais ces germes de vie communale, il est facile de les
faire revivre.

Pour cela, il suffira de restaurer les antiques djemâas, que
la loi a reconnues et consacrées, mais qui, par suite des
circonstances qui viennent d'être dites, et par les causes
mêmes qui ont arrêté dans les tribus la vie commu ale, sont
tombées en désuétude. Elles existent bien sur le papier,
mais elles y restent à l'état de lettre morte. Elles ne sont
que ce que l'administrateur les fait et veut qu'elles soient ;
et en général les administrateurs usent peu, malheureusement, de cet excellent instrument d'administration ; en
raison des principes directeurs de l'état de choses actuel, ils
administrent par les chefs indigènes. De loin en loin, ils
demandent à la djemâa quelques délibérations de pure

et précisées pour que les sociologistes à leur tour n'eussent pas le droit de nous
en demander compte. Quoi qu'il en soit par exemple de celle-ci, « que la commune
n'est qu'une forme élevée de la tribu », à laquelle nous n'avons pas le loisir de
nous arrêter, il s'en faut de beaucoup, en tous cas, que nos tribus algériennes
soient conformes au type de la tribu primitive et naturelle. Elles ne sont nullement homogènes ; elles se sont formées dans une période historique relativement
récente, au hasard des migrations, des luttes pour la possession des terres de
culture, des alliances défensives, etc. En réalité, c'est dans le douar proprement
dit, dans la fraction (*ferka*, *hondn*, *qarta*, *douar*, *taddert*, *kharouba*, *nezia*, etc.),
que l'on retrouvait, en une certaine mesure, quelque homogénéité ethnique et
quelque individualité. On constate, sur ce vieux sol africain, un émiettement
infini des races et des groupes primitifs. C'est pour cela que l'idée de nationalité
n'y pourrait prendre naissance. Et si jamais l'idée de race, qui, quoi qu'en dise
Renan, tend si étrangement à faire partout craquer la forme de l'idée de patrie,
si jamais l'idée de race venait à se manifester sur ce sol, la recomposition des
groupes primitifs ne se ferait qu'au prix de la dislocation des tribus, par une
redistribution nouvelle des unités dont nous venons de parler. Quoi qu'il en
soit, la tribu, dans son état actuel, présente une unité acquise plus que suffisante pour que nous ayons le droit d'y constater maintenant des éléments de
commune. S'il est vrai que l'idée de patrie ne soit, selon Renan, qu'un *consensus*
historique, on peut admettre qu'un *consensus* analogue s'est formé dans les tribus
actuelles, qui y permet la réalisation de l'idée de commune.

Mais enfin ce n'est ni de sociologie ni d'ethnographie qu'il s'agit ici, quoique
les idées générales ne perdent jamais leurs droits, même dans des détails
d'administration.

forme; et, même alors, les trois quarts des membres de cette assemblée ne se doutent pas qu'ils sont censés avoir pris une délibération.

Or, pour caractériser l'un des points principaux, le principal peut-être de la réforme que nous exposons, nous serions tenté d'écrire ici : « Qu'est-ce que les djemâas ? rien. Que devraient-elles être ? tout. »

Voici comment l'arrêté constitutif de 1868 organisait les djemâas des douars-communes :

Art. 56. — La djemâa de chaque douar se compose du caïd ou du cheikh du douar, président, et des notables choisis dans le douar.

Art. 57. — Le nombre de notables est de huit pour les douars qui n'ont pas 1.000 habitants, de dix pour les douars qui ont 1.000 habitants et moins de 1.500, de douze pour les douars de 1.000 habitants et au-dessus.

Art. 58. — Les membres de la djemâa sont nommés pour trois ans par le général commandant la province *(le Préfet, plus tard, en territoire civil)*, et sont susceptibles d'être renommés. Ils peuvent être suspendus ou révoqués de leurs fonctions par le général commandant la province.

Art. 59. — Nul ne peut être membre d'une djemâa s'il n'est âgé de 25 ans accomplis et s'il ne jouit de tous ses droits civils.

Art. 60. — Les fonctions de membre de la djemâa sont gratuites.

. . . .

Art. 62. — Les djemâas se réunissent ordinairement quatre fois par an, dans le premier mois de chaque trimestre. Elles peuvent en outre être convoquées extraordinairement par les généraux commandant les subdivisions *(les sous-préfets en territoire civil)*, lorsqu'ils le jugent utile.

Art. 63. — Les djemâas délibèrent sur les objets suivants : 1° le mode d'administration et de jouissance des biens communaux ; 2° le mode de jouissance et la répartition des fruits communaux ainsi que des conditions imposées aux parties prenantes ; 3° les conditions des baux de biens donnés à ferme ou à loyer par le douar, ainsi que celles des biens pris à loyer par le douar ; 4° l'aliénation des biens communaux, conformément aux dispositions des articles 16, 17, 18, 19, 20, 21 et 22 du décret du 23 mai 1863 ; 5° les actions judiciaires et transactions ; 6° les travaux d'utilité publique à entreprendre, les prestations à fournir, conformément aux dispositions de l'arrêté du gouverneur général du 20 avril 1865 ; 7° les contributions extraordinaires pour l'exécution des travaux d'utilité publique.

Art. 64. — Les djemâas peuvent en outre être consultées par l'autorité administrative sur les besoins des cultes et de l'instruction publique, sur le mode d'assiette et de répartition de l'impôt ainsi que sur les contestations nées de la répartition des terres collectives de culture du douar.

Que de progrès eussent été réalisés déjà, que de mécomptes évités, que d'injustices conjurées, si seulement toutes ces dispositions avaient été appliquées! Quoi qu'il en soit, il n'y aura, on le voit, que peu de choses à y ajouter pour faire des djemâas de véritables assemblées municipales. Il y aura toutefois, avant tout, à proclamer ce principe, que la djemâa sera composée, non plus de membres nommés par l'autorité (c'est-à-dire composée exclusivement d'amis du caïd, ce qui explique aussi l'inutilisation où on la laissait), mais de membres *élus*. C'est là la clef même de la réforme. Si l'on n'en venait pas là, il n'y aurait au fond rien de changé au système actuel et à ses errements (1).

Dans les douars-communes où il existera des fermes ou des établissements européens, trop peu denses ou trop peu importants pour constituer des communes distinctes, il suffira de faire entrer dans la djemâa deux ou trois membres français, élus par leurs pairs. Ce ne sera pas autre chose que la

(1) Ces pages étaient écrites lorsqu'un arrêté du gouverneur général est venu donner un commencement de satisfaction au vœu que nous émettons : il reconstitue les djemâas créées en exécution du décret du 23 mai 1863, c'est-à-dire les djemâas des douars-communes proprement dits ou tribus sénatus-consultées.

Cet arrêté est fait, visiblement, pour répondre au sentiment public qui s'était ému de l'affaire des phosphates de Tébessa. Mais il n'envisage guère encore les djemâas que comme des sortes de syndicats qui permettent aux douars « de défendre leurs biens. » Cette mesure, si heureuse qu'elle soit, (et nous la saluons avec empressement), ne procède donc pas, en somme, de la conception dont nous nous inspirons nous-même. C'est une mesure administrative, édictée par un simple arrêté, une mesure qui, comme celle qu'elle a pour but de remettre en vigueur, ne peut valoir que par la façon dont on l'applique; (et en fait, paraît-il, les nouvelles djemâas ne sont toujours que ce que l'administrateur veut qu'elles soient) : ce n'est pas une réforme politique (seule la loi pourrait l'accomplir), qui consacre l'individualité et l'autonomie communales des douars. Un point essentiel y manque, notamment : les membres de ces djemâas ne sont pas élus : ils sont nommés par le Préfet, c'est-à-dire qu'ils ne sont pas les mandataires du douar, c'est-à-dire qu'il n'y a rien de changé et que l'on a toujours affaire au principe de l'administration directe.

La plupart des considérations que nous exposons ci-dessus, relativement au rôle des djemâas, restent donc entières.

reproduction en petit du mode actuel de représentation dans la commission municipale. Mais ici cette représentation sera plus conforme à la vérité : restreinte à l'unité du douar, au lieu d'embrasser des éléments hétérogènes, elle sera vraiment communale et vraiment mixte, car elle aura pour objet un seul et même territoire et des intérêts solidaires, puisqu'ils seront en quelque sorte enchevêtrés les uns dans les autres. Il n'y aura rien de changé non plus à la situation des fermes ou établissements dont il s'agit, puisque actuellement les européens qui y résident, en plein territoire indigène, se trouvent, par la force même des choses, subordonnés à l'élément indigène et même placés sous l'administration de l'adjoint indigène. Mais si les intérêts collectifs de ces fermes ou établissements venaient, en prenant de la densité ou de l'extension, à se différencier des intérêts du douar, ils devraient aussitôt s'en séparer : ils formeraient dès lors une commune distincte, cette commune dût-elle n'être qu'une toute petite commune et demeurer enclavée dans le douar. Combien y a-t-il en France de toutes petites communes, et combien y en a-t-il en Algérie qui sont ainsi enclavées dans d'autres communes !

Le douar ou la tribu devenant une commune, l'adjoint indigène devient, lui, maire de cette commune, et — ne craignons pas de poursuivre jusqu'au bout une solution logique, — maire *élu*.

Le douar-commune ainsi constitué exercera son autonomie dans les formes ordinaires de la vie communale et selon un droit municipal qui se rapprochera le plus possible du droit commun municipal : le tout sous le contrôle et avec l'assistance du commissaire civil. Un règlement d'administration publique aura tôt fait d'édicter les quelques règles qui présideront à cette organisation. Et l'application, là où elle n'a pas été faite encore, des opérations de reconnaissance et de délimitation prescrites par le sénatus-consulte de 1863, opérations d'ailleurs fort avancées déjà et dont on peut dès à présent entrevoir le prompt achèvement, aura tôt fait aussi de constituer le douar-commune partout où subsiste encore la tribu.

La djemâa, présidée par le maire du douar-commune, se réunira en présence du commissaire civil ou de ses adjoints. En cas d'urgence, ou en cas d'empêchement du commissaire civil et de ses délégués, et lorsque l'objet de la délibération n'exigera pas leur présence, la djemâa pourra s'assembler et délibérer seule, sous réserve qu'elle y aura été autorisée, et sous réserve du visa du commissaire civil pour que la délibération sorte son plein effet. Les délibérations de la djemâa sont donc toujours prises avec l'assistance du commissaire civil ou de ses délégués, ou ne deviendront valables que par son visa : elles seront soumises ensuite à l'approbation du sous-préfet ou du préfet.

L'assistance du commissaire civil aux réunions des djemâas pourra se relâcher de sa rigueur au fur et à mesure que ces assemblées auront fait l'apprentissage de leurs attributions et de leur autonomie.

Le registre des délibérations de la djemâa, côté et paraphé par le commissaire civil, sera tenu en arabe par le khodja, secrétaire du caïd ou chikh, qui deviendra le secrétaire de mairie. Chaque délibération portera la signature ou le cachet de chacun des membres présents. Le registre sera vérifié trimestriellement par le commissaire civil.

La djemâa délibérera sur toutes les matières d'administration communale.

Elle votera tout d'abord le budget. A ce sujet, si l'on élevait des doutes sur le point de savoir comment s'équilibrera le budget des douars-communes, alors que les frais généraux seront augmentés et multipliés par le fractionnement de la commune mixte en plusieurs communes, il suffirait de rappeler que les communes mixtes où il n'existe pas de centre européen sont d'ordinaire très à leur aise. Les douars-communes, allégés (même s'ils doivent contribuer au fonds commun de colonisation) des charges qu'ils supportaient du fait des centres européens, et débarrassés aussi des dépenses parasites que l'on sait, sauront fort bien se suffire à eux-mêmes. Et si d'aventure leur budget manquait d'élasticité, on peut être sûr que les contribuables indigènes, voyant enfin où va leur argent, n'hésiteraient pas à s'imposer supplémentairement quand il s'agirait de rétribuer leur khodja, de réparer leur cimetière, ou d'aménager leurs sources et puits.

La djemâa délibérera également sur le mode d'administration des biens communaux, sur le mode de jouissance et la répartition des pâturages et fruits communaux, les tarifs et règlements de perception des revenus communaux, les acquisitions, aliénations, échanges, locations, affectation ou mode d'entretien des propriétés communales ; les travaux communaux, les chemins vicinaux ou ruraux, les actions judiciaires intéressant le douar-commune, etc. Elle pourra formuler des vœux. Elle sera appelée à émettre un avis sur tous les objets d'intérêt local. Elle sera même consultée aussi souvent que possible, en outre des affaires locales, sur bien des questions d'administration générale où elle pourra donner des avis précieux, telles que les distributions de secours ou de semences aux indigènes, l'assiette et la répartition des impôts arabes, le tarif des réquisitions, etc.

Le maire du douar-commune assumera, avec l'assistance et sous le contrôle du commissaire civil, les pouvoirs municipaux.

Il présidera la djemâa. Il assurera la préparation des listes électorales et présidera aux élections communales. Il sera chargé de l'état civil, de la voirie et de la police municipale. Il administrera les biens communaux, gérera les revenus communaux, proposera le budget, ordonnancera les dépenses, dirigera les travaux communaux, nommera aux emplois communaux sous réserve de l'approbation de qui de droit, représentera le douar-commune en justice, etc.

Le commissaire civil, lui, aura les attributions ci-après, qui sont très déterminées :

Premièrement, il continuera d'exercer celles de ses attributions actuelles qui ne sont pas inhérentes aux fonctions municipales ; en conséquence, il aura la police générale, la police judiciaire et la haute surveillance politique ; il assurera le fonctionnement dans le district des services publics (assiette et recouvrement de l'impôt, forêts, propriété indigène, etc.); il appliquera les peines disciplinaires du code de l'indigénat. En même temps, il assurera la colonisation, par l'étude et la création des nouveaux centres et par la gérance provisoire des centres en cours de création.

Deuxièmement, il assistera et guidera les municipalités des douars-communes dans les affaires communales et exercera un contrôle sur ces affaires.

C'est au cours de leurs tournées que le commissaire civil et ses adjoints réuniront les djemâas et les feront délibérer : ces tournées devront donc être fréquentes. Mais on n'a pas à craindre que le commissaire civil et son personnel ne puissent y suffire : ces tournées ne seront ni plus nombreuses, ni plus fatigantes que par le passé. Actuellement, chaque administrateur et chacun de ses adjoints doivent faire règlementairement sept jours de tournée par mois, soit vingt-un jours à eux trois. C'est plus qu'il n'en faut pour que chaque douar-commune soit visité une ou deux fois par mois et pour que ses affaires municipales puissent être convenablement surveillées et réglées. Ainsi que nous l'avons dit, d'ailleurs, l'assistance du commissaire civil aux délibérations de la djemâa deviendra par la suite de moins en moins indispensable.

D'aucuns se demanderont même à quoi bon, sous le nom de commissaire civil, conserver l'administrateur dans cette organisation, puisqu'il n'administrera plus et qu'il aura pour principale attribution un pouvoir de contrôle sur des communes, pouvoir qui appartient d'ordinaire aux sous-préfets. En réfléchissant, ils comprendront qu'il est impossible, au moins pour longtemps, de se passer du concours de ce fonctionnaire spécial. L'unité administrative du district répond à une nécessité dans ce pays où l'arrondissement est plus grand qu'un département de France, et le canton plus grand qu'un arrondissement. Un sous-préfet ne saurait, en outre de ses attributions propres, remplacer à lui seul trois, quatre, cinq ou six administrateurs, sans compter leurs adjoints : il faudrait alors augmenter le nombre des sous-préfets, ce qui ne ferait que déplacer la question. La mission du commissaire civil exige du reste des aptitudes et une expérience spéciales que l'on ne saurait attendre des sous-préfets, en raison de leur mode de recrutement et de nomination. Le commissaire civil pourra notamment, — ce que ne peut pas faire aujourd'hui l'administrateur, dont le temps est absorbé par les détails de l'administration directe, — il pourra aborder le meilleur de sa tâche et se donner au rôle d'initiateur et d'incitateur au progrès des populations indigènes : il pourra, par exemple, par l'intermédiaire et avec le concours des djemâas, faire des efforts utiles pour les amener à améliorer leurs méthodes pastorales, agricoles et industrielles, par l'adoption d'un outillage moins rudimentaire, par la création d'abris et d'abreuvoirs sur le parcours des troupeaux en transhumance, par la sélection et le croisement, par l'introduction de plantes fourragères, etc.

Cette organisation très simple apporte une solution aux unes et aux autres des critiques contradictoires dont la commune mixte était l'objet, et au conflit général d'intérêts dont elle était le théâtre.

Au lieu d'une commune arbitraire et factice, dont les diverses parties étaient en lutte les unes avec les autres, on aura des communes réalisant l'idée de commune, répondant à la réalité des faits, et dont la personnalité morale ne sera plus un vain mot.

Au lieu d'une commission municipale hétérogène, sans pouvoir et sans mandat, siégeant au loin, dans le chef-lieu, et dont les délibérations n'étaient que de regrettables parodies, l'on aura de véritables assemblées communales, conscientes et agissantes, réglant les affaires sur place, chez elles, sous leur responsabilité.

Au lieu d'un vaste budget fictif, où les ressources des uns s'en allaient alimenter les dépenses des autres, sans règle que le bon plaisir, l'on aura des budgets restreints et réels, où les dépenses et les ressources seront adéquates, où les inté-

ressés sauront, en votant des centimes additionnels, que ces
centimes seront dépensés chez eux, par eux et pour eux.

Au lieu d'un caïd ou d'un chikh, nommé à l'aveuglette, on
peut le dire, et Dieu sait au prix de quelles intrigues et de
quels abus ; au lieu d'une sorte de fonctionnaire tout à la
fois subalterne et omnipotent, mal rétribué et incité par là
même à prélever une rétribution dans l'exercice de ses fonctions, étranger souvent à la tribu, mais n'en ayant pas pour
cela plus d'indépendance, car il se met fatalement à la
discrétion du çof ou des personnages influents sur lesquels
il est amené à s'appuyer pour diriger la tribu ; au lieu de ce
douteux intermédiaire par lequel l'administrateur est obligé
de passer, malgré ses scrupules, auprès de qui seul il se
renseigne et à qui seul il a affaire, on aura des représentants
naturels et autorisés, des mandataires des populations, sur
qui le commissaire civil pourra s'appuyer délibérément et
sans arrière-pensée dans son administration : c'est-à-dire non
seulement le maire du douar-commune, mais les djemâas,
où tous les intérêts seront représentés, même ceux des mino-
rités si l'on conçoit bien les règles de l'électorat indigène.
Et ce ne sera plus chez le caïd, dont l'exclusive et jalouse
hospitalité est un décor trompeur, que le commissaire civil,
au cours de ses tournées, traitera les affaires communales,
mais dans la maison commune, qui devra être créée sur le
territoire de chaque douar-commune (elle pourra l'être à peu
de frais) et qui deviendra le centre de ralliement du douar,
le foyer de ses conseils, en même temps que le signe visible
de l'autorité gouvernementale.

Enfin, au lieu d'un administrateur affublé d'un rôle faux
qui lui a valu son impopularité, sorte de Maître Jacques
appelé tour à tour à défendre contre sa propre administration
les intérêts communaux qui lui sont confiés et à administrer
contre ces intérêts, exposé à voir, dans le sein de la commission municipale, son autorité à la merci des membres français
en présence des membres indigènes pour qui cette autorité
n'a dès lors plus de prestige, traité d'autre part avec une
affectation de désinvolture comme un simple maire exotique

par les fonctionnaires des autres services, grâce à ce singulier
état d'esprit qui règne parmi les fonctionnaires de la colonie;
au lieu de cet administrateur mi-parti et responsable en
partie double, sans indépendance ni pouvoir, on aura un
commissaire civil qui sera un fonctionnaire d'état vis-à-vis
des autres fonctionnaires, qui sera le représentant de la seule
autorité gouvernementale, responsable devant elle seule,
dégagé de tout autre mandat, et qui sera alors qualifié pour
assurer rationnellement, comme un pondérateur et un régulateur, ces deux actions parallèles qu'on avait eu le tort de
vouloir identifier sous la forme d'une gestion communale :
la colonisation et l'administration des indigènes. Il aura les
mains libres vis-à-vis des colons comme vis-à-vis des indigènes. Il n'aura rien à demander aux municipalités indigènes
pour faire fonctionner les centres de colonisation ; et il n'en
aura que plus d'autorité auprès de ces municipalités, dans
sa collaboration permanente avec elles, et dans son rôle
d'assistance et d'initiation, qui ne sera pas la part la moins
féconde de sa tâche.

Nous sommes resté sur le terrain communal : nous n'indiquons que les conséquences et les effets, dans ce domaine,
d'une simple organisation rationnelle des territoires. Mais on
peut juger de la répercussion que pourraient avoir ces
mesures sur la plupart des grandes questions administratives
de la colonie, telles que la réforme des impôts, la constitution de la propriété, etc. La solution de la question agraire
elle-même, ce spectre noir de toutes les conquêtes, en sera
singulièrement facilitée. L'allotissement des terrains collectifs
de culture, la distribution des terrains de parcours, la mora-
lisation des rapports de *khammess* à *fellah*, c'est-à-dire de
fermier à propriétaire, et même les innombrables espèces
qu'offre l'application à la propriété privée du statut personnel
et du statut réel, en un mot l'élucidation de tous ces problèmes
complexes qui ne peuvent être exactement posés que par les
interprètes naturels du droit coutumier et par les conseils de
la tribu, trouveront dans la djemâa, cet organe éminent qu'on
a si mal utilisé jusqu'ici, une aide incomparable et un précieux

jury consultatif. De la vie communale naîtra la solidarité. Et de cette élucidation de la question agraire et de cette notion de solidarité résultera, mieux que de tous autres moyens, mieux que de toute mesure de répression ou d'assistance, une protection préventive contre la formation d'un prolétariat indigène, ce péril grandissant qui, après l'ère des insurrections politiques, menace actuellement la colonie d'une ère de brigandage et de révolte sociale.

Enfin, un point à considérer, c'est que tout cela pourra s'accomplir sans frais. *Sans frais*, par ce temps de réductions budgétaires, voilà, comme le *sans dot* de la comédie, une raison tout à fait convaincante et qui décide tout !

Cela s'accomplira sans frais en ce sens que cela ne causera aucune augmentation de personnel, aucune charge nouvelle. Bien mieux, on pourra réaliser une économie ; la simplification du mode d'administration permettra d'augmenter la superficie des unités à administrer; les soixante-treize communes mixtes actuelles pourront être réduites à une soixantaine de districts.

Mais, dira-t-on, et les dépenses de colonisation qui étaient supportées jusqu'à ce jour par les communes mixtes? ne viendront-elles pas en augmentation au budget de la colonisation? — Il se peut, mais ce ne sera là, en tous cas, qu'un simple déplacement de charges et non une charge nouvelle. De plus, le budget de l'État, dont le budget de la colonisation n'est qu'un chapitre, se récupérera par ailleurs de cette augmentation, notamment par l'économie résultant de la réduction du nombre des communes mixtes et aussi par une économie générale dans les dépenses de colonisation, puisque, ainsi qu'on a pu s'en rendre compte, l'organisation nouvelle, par l'application méthodique des ressources locales aux besoins locaux, fera à elle seule une forte part de l'œuvre de colonisation. Enfin subsidiairement, et s'il le fallait, la création du fonds de colonisation, auquel les communes mixtes contribueraient par des centimes additionnels, achèverait de répondre à cette observation.

Telle est la réforme qu'il est permis de concevoir. Nous n'en pousserons pas plus loin l'esquisse. Elle résulte tout entière, on le voit, de la vérité des faits et de la logique des choses. Elle aura pour effet d'en revenir, dans une certaine mesure, du mode d'administration directe qu'on paraît regretter aujourd'hui d'avoir initialement appliqué à l'Algérie. Elle reprendra la tradition de nos maîtres en colonisation, les Romains, qui furent aussi les maîtres de l'administration indirecte, c'est-à-dire de l'administration par les autorités naturelles du pays. Elle s'appropriera les excellents résultats que nous retirons nous-mêmes de ce mode d'administration dans d'autres de nos colonies, en Annam, au Cambodge, à Madagascar, et surtout dans la colonie voisine et rivale de l'Algérie, en Tunisie. Elle tiendra compte aussi par là de ce singulier mais topique avertissement qui nous est venu de l'étranger ; les prédicants méthodistes dont on a dénoncé les menées en Algérie faisaient luire paraît-il, comme argument aux yeux des indigènes, que « si l'Algérie était aux Anglais, les indigènes se gouverneraient eux-mêmes. » Et cet argument portait plus que tous les autres. Et il est certain que les Anglais, si l'Algérie était à eux, le feraient comme ils le disent.

Burdeau, dont la pénétrante intelligence a été du premier coup jusqu'au cœur des questions algériennes, Burdeau n'avait pas manqué d'entrevoir cette réforme (1). Il indiquait en effet comme possibles, au moins partiellement, la restitution au douar de son existence propre, la restauration des djemâas et l'élection de ces djemâas. Il allait même plus loin, il allait, on le sait, jusqu'à envisager la nécessité de revenir sur les faits accomplis et de distraire des communes de plein exercice les douars qui leur ont été inconsidérément annexés, pour leur restituer à eux aussi une existence propre. On pourrait alors, fait-il remarquer, rendre aux

(1) Nous croyons devoir mentionner en passant, que ces pages, dont les circonstances ont ajourné la publication, étaient écrites avant le Rapport de Burdeau. Nous eûmes même l'occasion, à diverses reprises, de lui faire part de nos vues sur ce sujet.

créations de communes de plein exercice l'impulsion qu'on
leur a refusée, par de justes scrupules, depuis quelques
années.

Aussi bien, puisqu'il s'agit ici d'un programme de réorganisation des territoires indigènes, et quoique nous n'ayons à
nous occuper que du territoire des communes mixtes, nous
ne pouvons nous dispenser de marquer à notre tour l'oppor-
tunité d'une telle mesure qui serait le complément logique
de la réforme que nous proposons.

Cette réforme soulèvera deux grandes objections.

La première est celle-ci : les indigènes sont-ils aptes à
l'autonomie, à l'exercice du suffrage, à la vie politique et
administrative, auxquels on veut les appeler?

Pour répondre à cette question, il convient d'écarter
d'abord tout argument tiré du spectacle que donne, dans
les commissions municipales des communes mixtes, l'attitude
passive et en apparence inconsciente des membres indigènes;
il convient d'écarter aussi toute considération tirée de ce
que, même dans les conseils municipaux des communes de
plein exercice, les progrès des indigènes dans l'exercice du
pouvoir sont un peu lents. Il faut être de bonne foi : que
peuvent, dans les conseils municipaux, deux ou trois
conseillers indigènes perdus parmi les conseillers français,
qui les écoutent à peine quand ils ne feignent pas de ne
point les entendre et quand ils ne les tournent pas en
dérision, et qui les écrasent sous la loi des majorités? Dans
de pareilles conditions, quels progrès dans le maniement
des affaires veut-on qu'ils fassent? Ce qui n'empêche, si
l'on veut être juste, que l'on voit fort bien dans certains
conseils mieux éclairés, et notamment dans les grandes villes,
les conseillers indigènes jouer un rôle actif, rendre d'utiles
services, et même à l'occasion faire entendre d'assez fières
objurgations. Quant aux communes mixtes, *a fortiori*, quelle
indépendance et quelle personnalité les membres indigènes
de la commission municipale pourraient-ils avoir dans l'état de
chose actuel? Quelle sollicitude pourraient-ils apporter aux

prétendues délibérations de ce simulacre d'assemblée? Mais qu'on les rende seulement à eux-mêmes, qu'on leur donne franchement la liberté de langage ; et l'on verra s'ils ne parlent pas : témoin le compte rendu de cette délibération que nous avons rapportée plus haut. Qu'au lieu de feindre de les consulter sur des objets étrangers ou lointains, ou sur des intérêts contradictoires dont l'administration leur impose à l'avance la solution, on les appelle à délibérer librement sur les affaires de leur propre douar, et l'on verra si leur personnalité ne se réveille pas, si sur ce terrain leur sens pratique ne s'affirme pas !

Car enfin il ne faut pas se laisser aller à des diversions qui dépassent l'objet de la question. La question est bien simple : il s'agit tout bonnement de savoir si les indigènes sont capables de faire eux-mêmes les affaires de leur douar, et de choisir entre eux pour cela quelques notables.

Or, cette question, ainsi posée, ne fait pas de doute.

Faut-il rappeler par exemple les institutions municipales et électives des kabyles, dont nous avons déjà parlé, et qui offrent de si remarquables et suggestifs modèles? Ce n'est pas à eux qu'il y aura grand'chose à apprendre en fait d'organisation communale! Quant aux populations arabes, ou que l'on appelle ainsi, et que l'on a coutume d'opposer aux populations kabyles, elles renferment également, on l'a vu, les germes de la vie communale ; et, quoiqu'il importe de ne jamais perdre de vue, dans l'application de la réforme qui nous occupe, la diversité des traitements et des modalités nécessitée par la diversité des sujets et des milieux, il est hors de doute que ces populations sont toutes prêtes, elles aussi, à participer à cette réforme. Elles ne seront, en tout cas, pas plus inaptes à faire elles-mêmes leurs affaires que tant d'autres populations indigènes des divers continents à qui leurs dominateurs ont été amenés à rendre une certaine autonomie : par exemple, les indigènes des districts de Burdvân, Dacca et Tchittagong, dans la Présidence du Bengale, ou, chez nous, les Tô, montagnards des marches du Tonkin, qui, moyennant cette autonomie, font la police de la frontière et nous protègent des pirates. Bien plus, il est permis de se demander si les djemâas ne seront pas, à peu de chose près, aussi capables en matière d'administration que ne l'étaient, il y a soixante ans, la plupart des conseils municipaux des petites communes rurales de France, et même que ne le sont encore aujourd'hui quelques-uns d'entre eux. En tout cas, les élections municipales dans les douars-communes ne se passeront pas d'une façon plus étrange qu'elles ne se passent en Corse : et il ne viendrait pourtant à l'esprit de personne qu'on pût traiter la Corse autrement que comme un département français.

Déjà, d'ailleurs, les questions d'affaires ne sont pas entièrement étrangères aux futures communes indigènes, et en somme la réforme projetée ajoutera peu de chose, comme fonctions ou obligations, à celles qu'elles tiennent déjà, en tant que sections de commune mixte, de l'arrêté de 1868. L'adjoint indigène, actuellement, a déjà beaucoup des attributions qu'il aura comme maire indigène : il les a presque toutes. Et pour ceux qui savent ce qu'on lui demande dès maintenant de paperasserie administrative, — et ce dont il vient à bout tant bien que mal à l'aide de son khodja, comme beaucoup de maires français à l'aide de leur secrétaire de mairie, — il est certain qu'il se tirera tout aussi bien de ses nouvelles fonctions. L'exécution du budget, par exemple, ne donnera pas lieu à grande difficulté, si on le veut bien. Un maire indigène ordonnateur, cela pourra exciter quelque gaîté. Mais si l'on réfléchit que, pour assurer le mandatement de quelques dépenses rudimentaires et le fonctionnement très simple, et même encore simplifié, de leur comptabilité communale, ces maires auront, outre l'aide de leurs khodjas, dont nous venons de parler, et parmi lesquels on compte des gens vraiment intelligents et avisés, mais encore l'assistance du commissaire civil et de ses adjoints, et enfin le concours du receveur des contributions diverses faisant fonctions de receveur municipal, on entrevoit fort bien qu'ils en viendront encore très suffisamment à bout. Quant à la moralité de la gestion financière, sur laquelle on ne manquera point d'élever aussi des doutes, elle aura pour garantie, outre le contrôle permanent du commissaire civil et de ses adjoints, la surveillance de la djemâa, dans le sein de laquelle le maire indigène comptera le plus souvent, non plus seulement des officieux, mais aussi des opposants. De plus, rappelons que souvent la djemâa comptera un ou deux membres français, dont la présence sera également et un appoint de capacité et une garantie de moralité.

Enfin, s'il nous était permis d'invoquer une certaine expérience personnelle des choses administratives de l'Algérie, cette expérience nous autoriserait à avancer que jamais les affaires des indigènes ne furent plus fructueusement traitées que lorsque les intéressés furent consultés, et que jamais même meilleurs choix de personnes ne furent faits que lorsque les intéressés furent appelés à éclairer ce choix par une officieuse consultation populaire. Cette expérience nous autoriserait en un mot à affirmer la conviction que les indigènes seront très promptement aptes, toujours avec le concours et sous la surveillance des commissaires civils et sous réserve de leur veto, à gérer leurs affaires communales.

La seconde objection au devant de laquelle il nous convient d'aller est celle-ci : cette division tranchée qu'il s'agit d'introduire entre les territoires et les affaires des européens et les territoires et les affaires des indigènes, ce départ systématique et cette méthode de disjonction entre ces intérêts qu'on avait au contraire voulu faire *mixtes*, qu'on avait associés pour provoquer leur solidarisation et leur fusionnement, seront comme une barrière mise entre les deux populations ; ce sera la reconstitution du *royaume arabe*, contre lequel la colonie a si longtemps et si énergiquement lutté ; le premier résultat atteint sera de poser la colonisation comme une ennemie en face de la masse indigène ; et l'émancipation administrative des tribus, outre qu'elle leur permettra d'échapper à l'action de notre autorité, d'où un surcroît d'insécurité pour la colonisation, créera dans la masse indigène un dangereux particularisme, et pourra y provoquer l'éveil d'un sentiment national compromettant pour notre domination.

De telles prévisions ne sont pas seulement pessimistes, elles sont tout juste le contraire de ce qu'il faut attendre de la réforme projetée et de ce qui en résultera logiquement.

Et d'abord, le nouveau mode d'administration des indigènes ne sera pas une cause de danger pour notre domination. Ce danger, d'où pourrait-il résulter ? de la formation d'un particularisme favorisé par la constitution du douar-commune ? Non, car ce particularisme est précisément le contre-poids d'une unité qui seule pourrait être dangereuse. C'est là ce qui sauve notre domination : tant qu'il n'y aura que des douars-communes, au lieu d'une patrie arabe, notre domination n'aura rien à redouter. Le particularisme ne serait inquiétant que s'il se présentait sous la forme féodale. La domination turque, et notre régime militaire qui la copia, sans parler de notre régime civil qui copia le régime militaire, s'appuyèrent, nous l'avons vu, sur la féodalité indigène. Mais les arabes-berbères n'échappent pas à l'évolution historique : malgré qu'on en ait, la période féodale est passée pour eux. Et il se trouve qu'ici encore, c'est à la formation des communes que la féodalité doit céder. La période féodale y fut fertile en insurrections : l'avènement des douars-communes y sera une garantie de sécurité.

En effet, outre que cet avènement sera celui des classes moyennes indigènes, et que ce sont là celles qui nous offriront le plus de prise, il n'y a pas lieu de craindre non plus qu'en développant l'autonomie municipale des tribus, et en donnant aux djemâas une liberté relative, on laisse échapper toute autorité sur elles et que l'on y provoque des ferments d'opposition et d'indépendance. Loin de là : notre administration exercera sur les populations indigènes une action plus efficace ; elle les aura mieux en main. Dans l'état de chose actuel, l'autorité française ne prend pas suffisamment le contact avec la masse administrable; elle la domine d'un peu haut. L'administration des indigènes est trop abandonnée aux chefs et aux sous-chefs indigènes : trop souvent l'administrateur ne sait rien, ne voit rien ou ne fait rien que par eux. Non seulement ces chefs peuvent le tromper, ce qui dépose dans les esprits des semences d'injustice, c'est-à-dire des menaces d'insécurité, mais encore les fautes commises échappent à une responsabilité réelle, ces chefs ayant été nommés par l'administration, imposés par elle à la tribu, et n'ayant point toujours eux-mêmes sur celle-ci une action efficace. Il en sera tout autrement lorsque l'administration entrera directement en relation avec les mandataires de la tribu, lorsqu'elle pourra s'appuyer sur ces représentants naturels et autorisés des populations, que l'école de Le Play nomme *les autorités sociales*. Elle sera de la sorte entourée de garanties et de moyens d'information qualifiés ; et alors, alors seulement, elle aura créé la responsabilité. Ces autorités sociales seront entre ses mains comme autant d'otages, comme autant de répondants de l'exécution de ses décisions. On réclame la responsabilité collective : voilà la vraie forme sous laquelle elle peut s'exercer ! Cette responsabilité ne doit pas consister à prendre et à sacrifier, en cas d'incendie ou de brigandage, quelque pauvre diable de bouc émissaire. Elle doit être une forme permanente de domination et d'administration, et consister à rendre cautions de l'ordre les notables de la tribu, librement choisis par elle.

Les maires indigènes étant d'ailleurs révocables, on n'aura pas à redouter de leur part des velléités de politique personnelle ; et rien non plus n'empêchera de dissoudre les djemâas qui se livreraient à des menées tenda euses. Par contre, dans le cas où la municipalité indigène se refuserait à faire un acte qui lui incomberait, la loi municipale serait encore là pour y pourvoir, et le commissaire civil serait tout simplement appelé à accomplir cet acte, comme délégué du préfet, aux lieu et place de la municipalité indigène.

C'est ainsi que l'organisation des douars-communes rendra notre administration incomparablement plus facile. La commission interdépartementale algérienne, assemblée en 1893 pour étudier les causes de l'insécurité, l'avait entrevu, quoi-

que sous un faux jour, lorsqu'elle signalait parmi ces causes
« la dislocation des douars », et comme remède « leur
reconstitution ». Et l'on en a un exemple dans une autre de
nos colonies, dans une de celles qui se trouvent bien d'avoir
renoncé au système de l'administration directe :

Les concessionnaires européens, lisait-on dans une récente correspondance de l'Indo-Chine, furent dévalisés un beau matin de leurs bœufs,
de leurs charrues, de tous leurs instruments aratoires et de leurs semences. Ce jour là, on commença à s'apercevoir que décidément les mandarins et leur autorité avaient du bon. Les concessionnaires, agissant en
gens d'esprit avisés, furent les premiers à demander que les familles qui
allaient venir s'installer sur leur concession fussent recrutées et choisies
par les mandarins locaux et soumis à leur surveillance administrative.
En n'éloignant plus comme suspecte l'autorité des mandarins, on se
donnait à soi-même le seul moyen pratique d'y pouvoir faire appel pour
la répression des délits des malfaiteurs et la sauvegarde des droits du
propriétaire. Les familles furent donc constituées en villages réguliers,
élisant leur maire, ayant leurs rôles d'impôt et leurs notables, et tenant
en un mot leur place régulière dans l'organisme communal de la contrée.
Depuis ce jour, les concessions ont prospéré et l'expérience a donné à ce
point de vue des leçons qu'il n'est plus permis de méconnaître.

Sachons profiter de cette expérience : elle donnerait en
Algérie, indubitablement, des résultats analogues.

C'est donc non seulement sans crainte pour notre domination, mais encore dans le dessein de l'assurer et de le renforcer,
que peuvent être envisagées les conséquences de l'autonomie
des douars-communes. Or, les intérêts de la colonisation
sont liés à ceux de notre domination : et déjà par conséquent
nous avons en partie répondu à cette assertion, que l'autonomie des douars-communes serait une barrière placée entre
les deux populations, et la colonisation posée comme une
ennemie en face du monde indigène.

On peut en effet avancer *a priori* que la disjonction d'intérêts opposés et contradictoires produira des effets moins
irritants que leur actuelle promiscuité, et que par conséquent
elle préparera mieux la conciliation de ces intérêts. On
n'additionne que des quantités de même nature : seuls, des
intérêts de même nature « cristallisent » ensemble ; et de

7

BIBLIOTHÈQUE

vouloir quand même considérer comme *mixtes* des intérêts contraires, n'est pas fait pour les concilier. Le mot ne doit pas devancer la chose, ni la loi le fait.

Toutes les critiques dont la commune mixte était l'objet tombent quand la commune mixte fait place à l'indépendance et à l'autonomie des douars-communes et des communes européennes. C'est que, rappelons-le, la conception de la commune mixte avait été faussée le jour où la commune mixte, au lieu de demeurer restreinte aux territoires pour lesquels elle avait été créée, c'est-à-dire aux territoires où les intérêts indigènes étaient mêlés aux intérêts européens, s'était inconsidérément étendue et avait laissé dans son sein le village européen se poser en face du douar indigène. Aussi est-ce dans les douars-communes semés de fermes ou exploitations européennes que commencera la véritable conciliation et l'association des intérêts, car c'est là que ces intérêts seront vraiment *mixtes*. Quant aux douars-communes purement indigènes, en faisant eux-mêmes et pour eux-mêmes des chemins, des plantations et des aménagements d'eau, ils auront encore, rappelons-le aussi en passant, contribué à la colonisation.

Seule, la réforme qui nous occupe donne ainsi la solution de la permanente antinomie que nous avons constatée dans les voies et moyens comme dans l'objet de la commune mixte, c'est-à-dire dans le mode actuel d'administration des territoires indigènes et des territoires de colonisation. C'est donc que cette réforme répond seule à la réalité des choses. Et s'il en est ainsi, c'est qu'elle supprime d'emblée, précisément, les causes du conflit qui s'élève entre les deux éléments de population. Dans la commune mixte, nous l'avons établi, le sort des colons est, en droit, aux mains des indigènes, qui ont la majorité dans l'assemblée commune; et, en fait, le sort des indigènes est aux mains des colons, qui ont pour eux la force, c'est-à-dire l'influence politique. Or, ni l'un ni l'autre des termes de cette alternative ne subsistera si l'on rend à chacun de ces deux éléments le soin de ses propres affaires. *Cuique suum* : c'est la règle de la bonne entente. Les douars et les villages n'ayant plus à partager la même bourse, n'auront plus à se quereller pour le partage. Ils auront entre eux des rapports de simple voisinage, que les uns et les autres seront intéressés à maintenir bienveillants. On ne verra plus les communaux d'une tribu affermés au profit d'un village européen, ni le produit des marchés arabes ou des amendes d'indigénat employés à « faire vivre » un centre de colonisation ; les prestataires indigènes n'iront pas travailler, loin de chez eux, à faire des chemins pour desservir les fermes des colons. De la suppression de ces abus, pris pour exemple, naîtra l'apaisement de nombreuses rancunes.

Écarter les causes de conflit et préparer l'apaisement, on ne peut dire que ce soit là mettre une barrière entre les populations ; rendre la colonisation moins odieuse, on ne peut dire que ce soit la poser en ennemie.

Mais c'est plus que cela. Car il ne s'agit pas seulement, après avoir consacré la disjonction des éléments de population et de leurs intérêts, d'attendre passivement du jeu des forces naturelles qu'ils se pénètrent les uns les autres, et que d'eux-mêmes ils deviennent *mixtes* ; bien moins encore ne s'agit-il que de conserver comme à part les territoires indigènes, avec leur pittoresque, pour en faire le domaine des dilettante ou des fonctionnaires.

La réforme qui est en jeu a une portée plus haute. Elle ne tend à rien de moins, on l'entrevoit, qu'à organiser la société indigène, en vue de la préparer à notre civilisation et de l'amener à notre état social.

IV

Conséquences générales de cette réforme :
l'assimilation des indigènes et la domination française

Nous touchons ici à une question brûlante, qui a le don d'irriter les esprits dans la colonie : c'est celle de l'assimilation. Mais sur ce mot il faut s'entendre, car il est pris communément dans deux acceptions différentes. Il y a l'assimilation qui consiste à considérer l'Algérie, selon l'expression consacrée, comme un simple prolongement de la France, à la traiter comme une province française, et par exemple à appliquer d'emblée aux indigènes nos lois et règlements, nos procédés et nos vues : de celle-là, nous en pensons depuis longtemps ce que presque tout le monde commence à en penser, à savoir qu'elle est absurde et funeste. Puis, il y a l'assimilation qui consiste, non plus à appliquer nos idées aux indigènes, mais à prendre les leurs et à les faire évoluer dans le sens des nôtres; il y a l'assimilation, ou plutôt la question *d'assimilabilité*, qui peut se formuler ainsi : les indigènes sont-ils aptes jusqu'à un certain point à recevoir, par des moyens appropriés à leur état, et par une méthode sélective, une éducation progressive qui les rapproche de nous, ou bien sont-ils incapables de tout progrès?

Cette question, nous n'avons pas à la traiter au fond; mais elle doit être indiquée forcément dans une étude sur le gouvernement des indigènes.

Il serait puéril de céder à l'orgueil de race, à cette infatuation fertile en préjugés, qui fait qu'il nous arrive de traiter de haut en bas, sans toujours les bien comprendre, des groupes humains différents du nôtre.

Il serait naïf de se laisser prendre aux apparences, et, par exemple, après avoir qualifié dédaigneusement les indigènes de « simples pouilleux », de se contenter de cette épithète pour toute opinion : comme si nos paysans français étaient beaucoup plus propres que les paysans indigènes! et comme si, en tout cas, les paysans français, sous l'ancien régime, ne présentaient pas, et pour les mêmes causes, la même affectation de pauvreté sordide, à tel point que justement ils étaient eux-mêmes traités, dans les mêmes termes, de « pouilleux » par les gens de qualité!

Il serait imprudent enfin, et d'un esprit peu critique, en présence de l'étonnante évolution qui transforme les vieilles races, de parler encore de races inférieures et de races supérieures. L'histoire de l'humanité a d'inattendus retours; elle n'est qu'un grand recommencement : les races inférieures d'aujourd'hui peuvent être les races supérieures de demain, et réciproquement. Les races inférieures, quand le moment est venu, se mettent en marche et entrent dans une phase d'intégration. Quant aux races supérieures, pas plus que les individus elles ne peuvent s'empêcher de vieillir, et elles entrent à leur heure en régression. — Sans compter, au surplus, que les races supérieures ne le sont pas toujours tant que cela : témoin la célèbre prosopopée où le sultan de Stamboul, à qui sont reprochés les massacres d'Arménie, demande compte à son tour aux nations civilisées, dans un terrible réquisitoire, de tant d'injustices et de tant de crimes!

C'est pourquoi certains esprits n'admettent pas qu'il y ait des races inférieures : elles ne le sont qu'en développement, disent-ils, et non en puissance. Et si les doctrinaires, pour nier la lutte des classes, prétendent qu'il n'y a plus de classes, ne devraient-ils pas logiquement déclarer qu'il n'y a pas plus de races inférieures qu'il n'y a de classes inférieures? Quoi qu'on pense de la variabilité des espèces ou de la persistance des races, les races humaines ne sont en tout cas que des variétés de l'espèce humaine, et par conséquent il ne peut y avoir et il n'y a pas entre elles un abîme. Il y a moins de différence spécifique, malgré les apparences, entre un roquet gros comme le poing et un dogue monstrueux qu'entre un loup et un chien de même taille et de même aspect qu'un loup. Il n'y a pas beaucoup plus de différence entre un *fellah* et un membre de l'Institut, qu'il n'y en a entre le paysan de Labruyère et ce membre de l'Institut, arrière-petit-fils de ce paysan.

De fait, l'éducation peut beaucoup sur les races comme sur les individus. Si l'on dépensait pour l'amélioration des fellahs la moitié de l'argent et des efforts que l'on dépense pour l'amélioration de la race chevaline, on aurait peut-être d'autres résultats.

Nous ne pouvons, quant à nous, ne pas songer à certains faits singulièrement suggestifs, nous voulons dire aux résultats acquis et actuels observés un peu partout, sur les diverses parties du globe et dans les races les plus diverses. C'est, chez les Hindous, cette éminente personnalité de M. Dadhabaï Naoroji, que lord Salisbury avait traité dédaigneusement de « moricaud, » et qui força les portes de Welsminster, y siégea comme député d'un bourg de la vieille Angleterre, et présida un jour un congrès national où étaient représentés deux cent cinquante millions d'hindous. C'est, aux Philippines, cet indigène, ce Rizal, publiciste hardi et de talent, docteur ès-lettres, docteur ès-sciences et docteur en médecine, ancien habitué des bibliothèques de Paris, de Londres et de Berlin, qui vient d'être si cruellement exécuté sur l'ordre du général Polavieja. C'est, à Cuba, cet autre grand insurgé, le métis Maceo, dont une balle espagnole a interrompu la carrière romanesque et le rôle prestigieux. C'est, aux États-Unis, M. Frédéric Douglars, l'ex-esclave nègre, qui successivement publiciste, député, maréchal du district fédéral de Colombie et ministre des États-Unis en Haïti, représenta sa race avec tant de dignité et força pour elle le respect de ses invétérés contempteurs.

C'est encore cet empereur abyssin dont les armes et les actes ont infligé à une nation latine les plus rudes mécomptes et les plus dures leçons, et qui semble avoir hérité de la sagesse avisée et chevaleresque de son ancêtre Salomon.

Et ce ne sont pas seulement des individualités qui apparaissent et se révèlent : ce sont des races et des nationalités qui montent et s'approchent.

C'est d'abord cette race jaune dont le redoutable réveil, annoncé naguères, au milieu de l'étonnement général, par Eugène Simon, a déjà commencé à se manifester. C'est la renaissance soudaine et inconcevablement rapide du Japon, renaissance dont on a voulu amoindrir la portée, mais qui n'en reste pas moins, telle qu'elle est, quelque chose de prodigieux. C'est, aux Indes, cette intéressante communauté Parsie, dont certains membres sont parvenus à la culture intellectuelle la plus élevée et à un état d'éducation tellement raffinée, que des femmes dont les mères, il y a moins de quarante ans, portaient encore un anneau au nez, tiennent aujourd'hui, avec une souveraine distinction, des salons recherchés. Ce sont les Maoris de la Nouvelle-Zélande, qui se sont policés au contact des Anglais et ont des représentants à la Chambre, dont l'un passe pour le meilleur orateur de cette assemblée. Ce sont les Kanakes hawaïens des îles Sandwichs, dont les pères massacrèrent Cook, qui ont encore des cousins germains anthropophages, et qui jouissent depuis 1887 d'une monarchie constitutionnelle conforme au dernier modèle du genre. Ce sont les Indiens Peaux-Rouges de l'Amérique du Nord, qui ont échappé à l'extermination et qui se sont incorporés à la nation : les Cinq-Tribus-Civilisées qui formaient le « Territoire Indien » proprement dit, et qui sont civilisés en effet, vêtus à l'américaine, ont adopté les mœurs et les usages des américains, et jouissent d'un système judiciaire ainsi que d'un corps législatif; les Six-Nations de l'État de New-York, qui sont également civilisés et vêtus à l'européenne; et plusieurs autres tribus, à qui certains états, comme le Wisconsin, reconnaissent le droit de vote; — ce qui n'empêche que ces gentlemen et ces citoyens portent encore des noms dignes de Gustave Aymard : le *Bœuf-Assis*, le *Couteau-Ebréché*, le *Corbeau-de-Feu*, le *Gros-Ours*, ou la *Queue-Bariolée*. C'est, dans la race noire, cette république d'Haïti, qui s'est constituée sur le modèle des grands états et qui a aussi un parlement, un parlement dont on peut sourire, mais un parlement enfin, ce qui, sans indiquer le dernier mot du perfectionnement, implique déjà, en dépit de ses aventures formidables ou cocasses, une certaine tranformation depuis les temps romantiques des « Nègres de Saint-Domingue » et un certain progrès sur l'état social des bords du Congo. Ce sont les nègres des Etats-Unis, ces anciens nigrites, avec leurs vingt universités et leurs cent soixante journaux, avec leurs avocats, leurs médecins, leurs hommes d'état, et avec leur aristocratie financière, les *Four-Hundred*, les *Quatre Cents* millionnaires noirs de Washington, qui rivalisent de luxe avec les millionnaires blancs. Ce sont, dans l'Afrique australe, les Bushmen eux-mêmes, les Bushmen que l'on plaçait au dernier échelon de l'humanité, comme quelque chose d'intermédiaire entre la brute et l'homme, et qui s'éveillent à leur tour à la civilisation, et qui ont maintenant des écoles fréquentées par sept mille élèves, et qui ont une école normale d'où sont déjà sortis de fort bons instituteurs, et qui ont une imprimerie !

C'en sont bien d'autres encore. Et quand nous songeons à ces exemples, à ces faits acquis, nous ne pouvons nous défendre de cette idée, que ces faits commandent à notre scepticisme quelque circonspection, et qu'il serait bien difficile d'affirmer à priori que les indigènes de l'Afrique du Nord sont seuls incapables de tout progrès, ou plutôt qu'ils sont incapables de régénération, car enfin leurs ancêtres sont les pères de notre civilisation. Ce n'est pas sans raison que les Grecs plaçaient dans la vallée du Nil le berceau du monde antique. Et c'est de la civilisation africaine que le monde moderne tire encore pour une bonne part ses origines intellectuelles ; c'est elle qui nous a légué la culture gréco-latine, et nos universités sont nées et ont vécu d'elle.

Qui sait si à son tour cette civilisation disparue ne traverse pas la nuit d'un autre moyen âge et si, pendant son sommeil, il ne s'opère pas en elle, comme dans notre ancienne France, un travail intérieur, une fusion des races et une évolution des idées, d'où sortiront refaites les mœurs et les institutions, et une âme nouvelle?

Les peuples méridionaux de notre Europe sont encore beaucoup plus mélangés de sang africain qu'on ne le croit communément. La science a même pu avancer cette hypothèse, qu'aux âges préhistoriques une même souche ethnique a peuplé les deux rives de la Méditerranée, et que, de même que les espèces végétales et animales, les populations sont, dans le midi de l'Europe et dans le nord de l'Afrique, d'origine commune.

Aussi, en face de cette ethnographie africaine si complexe, et qui recèle dans ses ascendances, outre les arabes, fils de la très intelligente et très perfectible race sémite, toute cette masse des peuples berbères pétrie du sang de vingt races — de sang phénicien, celte, vandale, grec ou latin; de sang ibère, provençal, italien ou slave, — et dont les descendants, comme les kabyles, nos contemporains, offrent des types également très intelligents et très perfectibles, — en face de ce creuset profond où fermentent et bouillonnent tant d'éléments inconnus et divers, il serait difficile d'affirmer qu'un certain nombre tout au moins de ces éléments n'évolueront pas et, par voie de sélection, ne seront pas appelés à une nouvelle vie.

Est-il possible de régler et de diriger cette 'synthèse ou seulement d'y aider? L'expérience seule peut résoudre cette question; et le mieux serait peut-être d'entreprendre cette expérience. Il n'est pas possible de savoir jusqu'à quel point les populations indigènes de l'Afrique du Nord sont aptes à une civilisation plus avancée et capables de progrès, par la bonne raison qu'on n'a pas encore fait grand'chose, ou que l'on n'a pas fait assez, pour les essayer à cette civilisation et à ce progrès. Trop de gens en effet raisonnent là-dessus comme ce publiciste, l'un des premiers dans la colonie, qui a écrit les lignes suivantes : « — Si cette œuvre de civilisation est possible, le temps l'accomplira. En attendant, agissons comme si nous n'y croyions pas ! »

Il est à peine besoin d'ajouter, d'autre part, qu'il ne s'agit en aucune façon de provoquer et d'attendre une transformation immédiate ou rapide des masses indigènes, d'opérer en grand par des mesures coercitives et de heurter de front des mœurs séculaires. Ce que le temps a fait, le temps peut seul le modifier. Il a fallu des siècles pour amalgamer et refondre les peuples qui ont fait la France et pour les amener à leur état actuel ; il faudra sans doute plusieurs générations pour obtenir, dans l'œuvre de civilisation des indigènes, un résultat appréciable. En outre, tous les éléments ethniques qui composent ces populations ne subiront pas la même évolution. Certains tiennent déjà la tête, comme les kabyles du bassin du Sebaou ; et de ceux-ci on peut attendre déjà un progrès certain et extrêmement rapide. D'autres peut-être resteront en route. Il est évident qu'on ne saurait appliquer aux uns et aux autres le même traitement. Il est évident surtout que ce traitement ne saurait consister à les administrer comme s'ils étaient arrivés déjà au point où on veut les amener, mais bien au contraire qu'on les prendra tels qu'ils sont, qu'on les administrera en conséquence, sans illusions hâtives comme sans scepticisme, et qu'on attendra beaucoup du temps et de la sélection.

L'éducation sera naturellement le premier et le principal moyen à tenter dans cette expérience. Mais ici encore des préventions se dressent sur le seuil. On connaît l'argument : les indigènes ne manifestent pas le désir de s'instruire ; ils repoussent même souvent l'instruction qui leur est offerte ; les enfants qui ont fait montre d'une intelligence et d'une faculté d'assimilation pleines de promesses subissent, à un moment donné, un arrêt de développement, et ces promesses sont frappées de stérilité ; l'éducation n'a jamais produit chez eux que de simples individualités : ces individualités ne prouvent rien quant à l'amélioration de l'espèce ; et encore ces individualités subissent-elles plus tard, après l'âge mûr, une nouvelle crise, et retournent-elles à l'état commun; cette éducation n'a produit que des déclassés et des candidats-fonctionnaires : les déclassés sont un fléau, et le fonctionnarisme en est un autre; les indigènes, au fond, ne tiennent nullement à s'assimiler à nous, car le nombre des naturalisations reste chez eux presque insignifiant; le fanatisme religieux sera toujours entre eux et nous un obstacle insurmontable; les instruire, c'est leur donner des armes contre nous, c'est créer un nouveau péril pour notre domination; enfin, à tout prendre, notre état social ne leur est pas favorable : il leur crée des besoins nouveaux, et, loin d'être moralisateur, il ne leur communique que les tares des peuples ultra-civilisés.

Ces assertions sont-elles fondées? Pour notre part, nous pensons qu'elles ne le sont pas, et qu'elles s'appuient sur des faits incomplets et mal présentés. Non, les indigènes algériens ne sont nullement réfractaires à l'éducation : lorsqu'ils la repoussent, c'est qu'ils ont pour cela des motifs spéciaux, comme par exemple quand ils ont lieu de craindre qu'elle ne serve de prétexte à une ingérence dans leurs choses intimes. Bien au contraire, ils s'y intéressent et ils en profitent d'une façon remarquable, ainsi que de nombreux témoins en ont jugé, non pas superficiellement comme on l'a prétendu, mais impartialement. Cette éducation a formé chez eux plus d'un homme distingué : il serait facile à cet égard de citer dans divers ordres, même dans les carrières libérales, des noms suggestifs. Déjà ce seul fait de la production par l'éducation d'un certain nombre d'individualités prouve qu'il n'existe pas dans la race une inaptitude spécifique à recevoir cette éducation, une insuffisance physiologique qui la différencie : ce qui est un point topique. Mais l'éducation n'a pas seulement formé chez elle des individualités : elle a agi sur l'ensemble partout où elle a exercé une action d'ensemble, comme on peut le constater dans certaines parties de la Grande Kabylie. Il faut en revenir, en effet, des errements qui avaient consisté tout d'abord à créer, au hasard des ressources et des bonnes volontés locales, des écoles disséminées un peu partout, et perdues, sans lien entre elles, au fond des tribus. Il importe de suivre un programme méthodique qui procède en s'étendant de proche en proche.

C'est là, à peu de chose près, l'observation par laquelle on pouvait répondre autrefois, en France, aux adversaires de l'instruction obligatoire ; et, depuis, l'expérience a pleinement justifié cette observation : on n'obtient que des individualités lorsque l'on n'opère que sur des individualités ; et, par le fait même que ces individualités ne sont que des individualités, elles demeurent déclassées.

De là, aussi, le petit nombre des naturalisations : ce déclassement, cette disqualification, dont les naturalisations sont la cause, éloignent d'elles l'opinion ; sans compter au surplus que l'on ne pouvait raisonnablement attendre des deux ou trois premières générations qui suivaient la conquête qu'elles recourussent d'enthousiasme à la naturalisation. Déclassées, les individualités tendent d'autre part à reprendre le niveau commun : c'est ce niveau qu'il faut élever, et cela, non par quelques essais individuels et localisés, mais par un effort général et continu. Tout cela, qui était vrai en France, l'est encore en Algérie. Mentionnons de plus en passant qu'ici les procédés pédagogiques gagneraient à être sérieusement modifiés, mieux adaptés au milieu et rendus pratiques ; car ils répondent mal aux besoins de la situation.

Quant à cette fameuse crise de la puberté, ou à celle du retour d'âge, si tant est qu'elles se produisent vraiment et constamment, ce qui n'est rien moins que démontré, elles s'expliquent encore le mieux du monde par l'observation qui précède : elles n'auront plus de raison d'être lorsque le niveau général se sera élevé et que les individualités ne seront plus déclassées. Au surplus, les indigènes sont-ils les seuls qu'il soit nécessaire de suivre et de soutenir au delà de l'âge scolaire si l'on ne veut pas perdre le fruit de leur éducation ? Le grand mouvement qui se manifeste actuellement en France en faveur de l'extension des cours d'adultes et en vue de prolonger l'éducation plus avant dans la vie, prouve bien que nos enfants eux aussi ont besoin de n'être pas abandonnés à eux-mêmes après la puberté. Et les indigènes sont-ils les seuls qui, arrivés à un âge plus avancé, éprouvent la nostalgie du terroir natal et le ressouvenir des habitudes de leur enfance? Les habitants de toute notre France en sont là. Les Corses par exemple, si élevée et si raffinée qu'ait été leur éducation, si haut que les ait portés leur carrière sur le continent, en reviennent toujours à leurs maquis, où ils reprennent entièrement leurs mœurs et leurs idées primitives. Et combien de parisiens, — qui, comme on le sait, ne sont pour la plupart que des provinciaux, — finissent-ils tôt ou tard par retourner à leur province!

Lors même que l'éducation n'aurait produit jusqu'ici chez les indigènes que des candidats-fonctionnaires, on pourrait à cela répondre deux choses : la première, c'est que ce n'est pas seulement chez les indigènes que fleurit le fonctionnarisme ; la seconde, c'est qu'il est tout naturel et de bonne politique de confier nos emplois aux indigènes qui parlent notre langue et qui ont reçu notre éducation. Mais, en fait, il ne paraît même pas que l'assertion dont il s'agit soit tout à fait exacte, puisque sur 721 anciens élèves sortis, pendant une période donnée et récente, des cinq ou six principales écoles de Kabylie, 54 seulement sont devenus instituteurs et 6 employés : le reste est cultivateur, comptable, militaire ou commerçant.

La question de religion n'est point un obstacle à ce que les indigènes subissent notre action éducatrice, à moins naturellement que, sous le couvert de cette éducation, ils n'aient sujet de craindre les entreprises d'un intempestif prosélytisme. M. Albin Rozet a établi, à la tribune de la Chambre, que l'Autriche réussissait fort bien dans son œuvre d'éducation en Bosnie-Herzégovine. Donc les sujets musulmans ne sont pas réfractaires en principe à l'éducation européenne. Et, en effet, le fatalisme des races orientales — lequel n'est point un résultat du dogme islamique, mais au contraire a inspiré ce dogme, — le fatalisme des races orientales prédispose ces races à subir passivement l'éducation des races dominatrices comme une conséquence naturelle et un effet de leur domination. Ajoutons pour mémoire que l'islamisme, loin de présenter ce caractère immuable et irréductible dont on l'a noté, paraît très capable d'une évolution qui l'amène à entrer dans le courant du monde moderne : témoin le bâbysme.

A y regarder de près, nous comprenons mal comment l'instruction des indigènes pourrait être un péril pour notre domination. Il est plus facile de gouverner des êtres intelligents que des brutes. Une éducation commune (surtout si, comme il est permis de l'espérer, on consentait à changer du tout au tout la funeste orientation de notre enseignement en Algérie, et si, au lieu d'empêcher par tous les moyens possibles le mélange dans nos écoles des enfants européens et des enfants indigènes, on prenait le parti de le favoriser par tous les moyens possibles), une éducation commune rapproche au lieu de séparer, et déjà la communauté du langage dissipe bien des malentendus.

Quant à avancer que notre éducation et notre état social seront pernicieux pour les indigènes, il y aurait beaucoup à dire sur cette thèse singulière. Prenons garde, pharisiens que nous sommes, que l'on nous applique la fable arabe de l'Avare et de l'Étranger : l'Avare, pour empêcher l'Étranger de manger son miel, lui dit : « Le miel pur brûle l'estomac ; » et l'Étranger lui répond : « Vraiment ? il brûle peut-être le vôtre, mais pas le mien ! » Prenons garde que l'on ne nous accuse de confondre volontairement la colonisation, qui est faite pour le peuple colonisateur et au contact de laquelle fond quelquefois le peuple indigène, et l'éducation du peuple indigène, qui est faite pour les indigènes et qui ne peut qu'augmenter leur prospérité. Prenons garde qu'on ne nous dise que si nous voulons laisser les indigènes incivilisés, c'est pour les garder exploitables.

Si d'ailleurs l'éducation est le principal moyen de civilisation, il est évident qu'il ne faudrait pas tout attendre d'elle. Le progrès économique est un autre facteur d'importance parallèle. Qui donc a dit que lorsqu'il voyait un indigène descendre d'un train et ouvrir son parapluie, il avait comme la sensation du progrès ? Pour transformer les conditions économiques de l'indigène, il suffira d'améliorer son agriculture et son industrie. Ce ne sera pas aussi difficile qu'on se l'imagine. Et pour commencer, c'est avec raison qu'on réclame dans la colonie que l'éducation scolaire, qui se traîne dans l'ornière d'une pédagogie toute scolastique, y reçoive un caractère plus professionnel.

Enfin, pour concourir à l'œuvre d'assimilation, d'autres adjuvants interviendront efficacement : tels que des encouragements positifs à la naturalisation, le service militaire rendu plus général et peut-être même obligatoire dans de certaines conditions (surtout si on envoie les indigènes l'accomplir en France), une assistance publique bienveillante et éclectique, et surtout, par dessus tout, une justice plus simple, plus prompte et moins coûteuse, une justice mieux appropriée, une justice plus juste. Nous avons de ce côté une réparation à accomplir. Pour en venir à bout des races inférieures, les Américains ont eu l'eau-de-vie, les Anglais ont eu l'opium ; la France aura eu la Justice !

Est-ce là tout ? et cette œuvre d'assimilation ne pourrait-elle pas aller plus loin ? Ne devrait-elle pas aller logiquement jusqu'au croisement partiel des deux races et jusqu'à la formation d'une race locale qui serait comme un trait d'union entre les deux races mères ? Cette conception ne laisserait pas de soulever encore de nombreux préjugés. Ce ne serait pourtant pas là un motif suffisant de l'écarter, s'il n'y avait que des préjugés à lui opposer. Sous la domination romaine, les enfants nés d'unions entre romains et indigènes (*hy·bridœ*) étaient tenus en petite estime : ils n'en faisaient pas moins souche de Romains, comme le fait remarquer M. Gaston Boissier, et au bout de deux ou trois générations, il n'y paraissait plus guère de leur origine. En Amérique, c'était à de bien autres préjugés qu'on avait affaire ! Le terrible préjugé de couleur, la *color line*, pouvait sembler un obstacle insurmontable. Si vivace qu'il soit encore, il n'en a pas moins été fait bien du chemin depuis l'acte d'affranchissement du 1er janvier 1863 jusqu'à ces remarquables exemples d'assimilation de la race noire que nous avons cités plus haut; il en a été fait beaucoup aussi depuis les avanies du général Dumas jusqu'à l'apothéose des Alexandre Dumas!

En Algérie même, on ne laissa pas, à un certain moment, d'entrer dans la voie du croisement. Dès les premiers temps de la conquête, un assez grand nombre d'officiers français, dont plusieurs sont parvenus depuis aux plus hauts grades de l'armée épousèrent des femmes indigènes : et, soit dit en passant, les produits de ces unions furent, presque sans exception, superbes; on en peut encore juger dans plus d'un salon, et il est dommage que les convenances empêchent ici de citer certains noms; l'expérience porte d'ailleurs sur trois générations déjà, ce qui exclut l'idée d'un retour atavique.

A vrai dire, on attribue à ce mouvement fusionniste une cause particulière. La pieuse reine Marie-Amélie avait entrepris, dans une pensée d'orthodoxie, de régulariser les faux ménages qui s'étaient formés à la suite des colonnes expéditionnaires entre militaires et femmes indigènes; et elle avait laissé entrevoir qu'elle accorderait sa protection personnelle aux officiers qui entreraient dans ses vues. Certains en profitèrent et s'en trouvèrent bien. D'autres cédèrent tout simplement, en contractant ces unions, à l'engouement romanesque propre à l'âge héroïque de la conquête.

Pourquoi donc ce mouvement s'est-il arrêté? D'abord, il s'agirait de savoir s'il s'est vraiment arrêté. Un document officiel relate 23 cas de mariages mixtes en six ans. Le Dr Ricoux, le démographe algérien, estime au contraire à 20 par an en moyenne le nombre de ces mariages. La vérité est qu'il n'existe à cet égard aucune statistique sérieuse; et encore les statistiques ne peuvent-elles relater que les unions légitimes; les autres sont encore bien plus nombreuses. Quoi qu'il en soit, il est certain que, s'il ne s'est pas arrêté, ce mouvement ne s'est pas développé, et que les mariages mixtes sont encore relativement rares. Il n'est pas dans notre sujet de rechercher les causes de cet état de chose : elles sont multiples, mais très discernables. Nous voulons seulement retenir ceci, c'est que les faits historiques que nous venons de rappeler, joints aux faits actuels, si peu nombreux soient-ils, suffisent à prouver que la barrière qui existerait, à ce que l'on prétend, entre les deux races, n'est pas infranchissable, et qu'il n'y a point, de part et d'autre, de répugnance spécifique. Ces faits prouvent notamment que l'argument tiré du danger d'inoculation de certaines affections pathologiques, n'est pas fondé. C'est affaire de sélection : il suffit de voir, pour s'en convaincre, les produits des unions que nous venons de relater.

Quelques mesures politiques, telles que des concessions de terres, pourraient intervenir pour favoriser les croisements. Puisque des considérations de carrière et de faveur ont eu dans ce sens une action efficace sur des classes élevées, à plus forte raison les mesures dont nous parlons pourraient-elles en avoir une sur les classes populaires. Car il est concevable, après tout, que tout ne soit pas préjugé dans l'éloignement que professent les européens pour les unions mixtes : les conditions de la vie moderne ne se prêtent pas toujours à ces unions, et la différence d'état social, de mœurs, d'éducation, d'habitudes, de fortune, constitue une objection nullement négligeable. Mais cette différence s'atténue à mesure que l'on a affaire à des mœurs plus simples, à des habitudes moins raffinées. Les basses classes, si classes il y a, sont moins arrêtées par exemple, dans leurs unions, par des considérations de fortune. Par contre, elles pourraient y être incitées, comme nous le disions, par des mesures telles que des distributions de terres. C'est par en bas, et non par en haut, qu'en démographie les groupes se mélangent. Et même c'est par les unions irrégulières qu'ils commencent : il faudrait donc envisager sans hypocrisie, mais au contraire avec intérêt, les unions de ce genre qui se forment sous nos yeux en Algérie. Les unions encouragées par la reine Marie-Amélie, et qui ont si bien réussi, n'avaient pas commencé autrement.

Il y aurait en outre dans ce pays un élément d'élection pour aider au fusionnement : ce sont les Espagnols. Il se trouve, grâce aux mélanges divers que leur race a déjà subis et surtout au sang maure qui coule dans leurs veines, que, de tous les peuples, ce sont eux qui se croisent le plus facilement avec les indigènes de l'Afrique du Nord, en même temps que ce sont eux qui, de tous les colons étrangers, sont le plus assimilables à nos nationaux en Algérie.

Le croisement partiel de la population européenne et de la population indigène, dans cette colonie, ne serait donc nullement irréalisable.

Nous n'irons cependant pas jusqu'à envisager sa réalisation ; car cette hypothèse soulève des objections graves, tirées notamment du danger que présentent les populations métisses pour la domination de la race mère importée : objections sur lesquelles il ne serait peut-être pas impossible de s'expliquer, mais enfin sur lesquelles ce n'est pas ici le lieu de s'étendre davantage.

Quoi qu'il en soit de ces considérations diverses, il est certain que, suivant une formule connue, « il y a quelque chose à faire », et qu'il faut enfin chercher et trouver un *modus vivendi* rationnel entre la population indigène et la population européenne. Ce qui a manqué jusqu'à ce jour à l'œuvre que la France a entreprise et assumée en Algérie, c'est un plan d'action, ce sont des vues d'ensemble et des idées générales. Quand on entreprit la conquête, elle devait se borner à la ville d'Alger et à sa région. Le reste se fit successivement, par morceaux, au hasard des circonstances et des expéditions, sans qu'on sût bien jusqu'où l'on irait, ou même si l'on s'arrêterait. La colonisation qui succéda à la conquête procéda de même : des essais administratifs, louables sans doute, mais timides et contrariés, et qui n'ont effleuré que les couches superficielles des populations ; des réorganisations partielles, des réformes de détail, des replâtrages, si l'on veut bien nous permettre cette expression ;

mais de philosophie, point. Il est temps de nous en faire une, c'est-à-dire de savoir où nous voulons aller.

On commence à se rendre compte de cette nécessité : les grands débats parlementaires sur les « rattachements », qui viennent d'avoir lieu, le compte rendu de sa mission qu'y a apporté M. le gouverneur Cambon et où l'on a vu enfin s'indiquer très heureusement plus d'une de ces idées générales que nous invoquons (aussi bien il nous est agréable de reconnaître qu'il y a conformé ses actes, le plus qu'il a pu, dans son administration), puis le vote presque unanime qui a consacré ces débats, en sont la preuve. Ne retombons pas dans l'ornière, après cet effort pour en sortir. Ne voyons pas si loin, si l'on veut, que les lendemains de l'histoire ; mais assurons le jour présent. Quelque opinion que nous nous fassions les uns ou les autres sur l'assimilabilité des indigènes, sur la fusion des races et la civilisation supérieure, et sans en préjuger, reconnaissons au moins, non par un vain sentimentalisme, mais par une rigoureuse logique, qu'il importe de provoquer, en Algérie, un rapprochement entre la race indigène et la nôtre, et, dans ce but, de faire quelque chose pour élever les indigènes jusqu'à nous ou plus près de nous. Il y a là un minimum d'idées communes que nous pouvons prendre pour programme : faisons-le.

Il le faut.

D'abord, parce que nous le devons. L'éducation des peuples conquis est la légitimation de la conquête ; et la supériorité des races, puisque races supérieures il y a, consiste surtout à comprendre leur devoir mieux que les races inférieures et à faire leur devoir envers les races inférieures. Et si tant est que la civilisation des peuples conquérants profite aux peuples conquis en développant leurs intérêts matériels, ce ne peut être qu'à la condition de satisfaire en même temps aux besoins nouveaux qu'elle leur crée, c'est-à-dire à la condition de leur apporter une augmentation morale corrélative à leur augmentation matérielle.

Nulle nation n'a pu se désintéresser de ce devoir de droit strict sans encourir de funestes responsabilités. C'est parce qu'ils avaient violé ce devoir, qu'en dépit du monde nouveau dont ils avaient doté l'humanité, l'histoire a flétri les noms des Pizarre et des Cortès. Waren Hastings avait aussi donné à l'Angleterre un splendide empire ; et pour le même motif l'Angleterre flétrit Waren Hastings. Demain, lorsque les fumées du jingoïsme se seront dissipées, elle flétrira de même Cécil Rhodes. Multatuli et Stevenson ont vengé contre leur propre patrie le droit des vaincus. Et aux Etats-Unis, le président Cleveland formulait dans son manifeste inaugural ces fermes déclarations :

« La fidélité aux principes sur lesquels repose notre gouvernement demande positivement que l'égalité devant la loi, qu'il garantit à tout citoyen, soit justement et de bonne foi assurée dans toutes les parties du pays. Ce droit et sa jouissance suivent le titre de citoyen partout où il se trouve, et abstraction faite de la race et de la couleur; la virilité et la droiture américaines ordonnent de respecter absolument ce droit. Nos relations avec les indiens habitant dans les limites de notre pays nous imposent des responsabilités auxquelles nous ne pouvons nous dérober. L'humanité et la continuité politiques nous ordonnent de les traiter avec justice et, dans nos relations avec eux, de tenir honnêtement et sérieusement compte de leurs intérêts et de leurs droits. Aucun effort ne doit être épargné pour les guider à travers les voies de la civilisation et de l'éducation, jusqu'à la pleine possession des droits de citoyens indépendants capables de se suffire à eux-mêmes. Entre temps, notre devoir est de les défendre contre la cupidité des intrigants et de les protéger contre toutes influences ou tentations pouvant retarder leurs progrès. »

Notre nation n'a point à recevoir d'autrui des leçons de dignité ni des préceptes de générosité. Au moins autant que les peuples anglo-saxons, elle a le sentiment du droit, et elle n'entend pas déserter sa cause en Afrique, dans la plus grande de ses conquêtes. Elle sait que pour justifier la possession de ce domaine, il lui reste à en faire la conquête morale. Les meilleurs esprits et les politiques ont été

unanimes à reconnaître cette obligation, et les Chambres
françaises l'ont proclamée. Il nous faut la tenir; le plus tôt
sera le mieux; et cela résolûment, sans nous laisser troubler
par les railleries ni les objurgations d'un prétendu scepticisme
qui n'est que la forme d'une opposition intéressée. Cet effort
sera-t-il couronné de succès? Peut-être. Mais il faut qu'il soit
tenté. Ce sera l'honneur de la France, pays de l'altruisme et
des idées générales, d'avoir mieux compris ou mieux réalisé
que les autres la fraternité des terres libres, de s'être inspirée
de la solidarité humaine, ou simplement d'avoir apporté
quelque décence dans la lutte pour la vie.

Il le faut encore et surtout parce que ce sera de bonne
politique. Il ne s'agit plus seulement de notre devoir envers les
indigènes, il s'agit de notre propre intérêt. Il y va de notre
existence même, c'est-à-dire de l'avenir de notre domination.

Ce serait une dangereuse erreur de croire que cette domination est dès à présent, parce que l'ère des insurrections
semble close, définitivement établie et indestructible. L'Afrique, où depuis vingt ans seulement, s'est déjà fait sourde-
ment un si formidable travail, et qui apparaît comme devant
être la scène du monde où se dérouleront les grandes luttes
des nationalités au xxe siècle, la vieille et obscure Afrique
réserve à l'Europe plus d'une surprise.

A l'heure où l'islamisme est, de toutes les religions, la
seule qui progresse; où il a produit déjà, chez les peuplades
félichistes du Soudan et du haut et bas Congo, de si curieuses
et de si dangereuses transformations politiques et sociales;
où il a fait naître une sorte de solidarité entre les tribus et
constitué de véritables états là où il n'y avait que de la
poussière de peuples; — à l'heure où il fait sentir cette action
non seulement chez les nigrites, mais aussi dans cette superbe
race des Bantous, qui tient presque une moitié du continent
et dont un rameau, au Matabéléland, après avoir fait subir
aux Anglais des représailles sanglantes, a amené les administrateurs de la Compagnie à Charte à lui accorder un traité
de fait qui lui reconnaît de véritables droits; — à l'heure où
le terrain est tellement bien préparé pour d'inquiétantes

affinités, que, grâce aux soldats sikhs de la garnison de Fort-Lister, on a pu prévoir déjà la formation d'une langue indo-africaine, et que le haut commissaire de la reine d'Angleterre dans l'Afrique centrale britannique exprimait l'opinion que cette partie du continent noir était destinée à devenir « l'Amérique des Hindous »; — à l'heure où, hors d'Afrique, l'islamisme continue à pénétrer et à s'étendre presque partout, en Asie et en Océanie, dans les Indes, en Chine, dans la Malaisie, et où partout, dans les Philippines par exemple et dans les Indes Néerlandaises, il se manifeste par de si tragiques révoltes contre la domination des races européennes; — à l'heure où tous ces fanatismes, que viennent encore de surexciter, depuis Bombay jusqu'à Oudjda, les victoires du commandeur des croyants sur les Hellènes, commencent à se pressentir et à s'unir à travers les mers; — à l'heure enfin où le mouvement panislamique est le fait capital de la politique extérieure de l'ancien monde, — à cette heure, toute sorte de considérations commandent la prudence à la France : à la France qui est une grande puissance musulmane, et dont la politique en Algérie peut avoir une répercussion générale inattendue, avec d'imprévus chocs en retour.

On perd trop de vue les conditions générales des migrations et les développements historiques des colonies humaines. Quelles ont été les conquêtes durables? Quelles ont été les colonies qui n'ont point été éphémères, c'est-à-dire qui se sont maintenues plus de trois ou quatre siècles? Qu'est-ce qui a fait durer les unes, qu'est-ce qui a perdu les autres? Quand une race a envahi l'habitat d'une autre race, il n'y a que deux éventualités de possibles ; ces deux races fusionnent, ou alors l'une des deux disparaît par élimination ou par absorption. La race conquérante qui se borne à exploiter l'habitat de la race conquise, et à faire payer l'impôt à celle-ci en la gouvernant dans ce seul but, cette race conquérante, si elle ne parvient pas à anéantir la race conquise, est tôt ou tard expulsée de cet habitat, soit par une autre race conquérante, soit par la race conquise elle-même, qui finit par absorber tout ce qu'il en reste.

C'est ainsi que les Romains, les Carthaginois, les Vandales et les Byzantins ont successivement disparu de la Lybie, dont les autochtones, ceux-là mêmes auxquels nous avons affaire aujourd'hui, en ont absorbé les derniers vestiges. Et c'est pourquoi l'éminent historien des *Institutions de la France*, M. Paul Violet, a pu formuler énergiquement cette loi : « Au *væ victis* proféré dans tous les temps par tous les victorieux, l'histoire apporte une implacable et invariable réponse : malheur aux vainqueurs ! »

Or, quelle est la situation de la France dans l'Afrique du Nord ? Elle y a envahi l'habitat des races arabico-berbères. Mais elle n'a pas pris le chemin de faire disparaître ces races. D'abord, elle ne l'aurait pas pu, car l'extermination ou l'asservissement ne viennent à bout que des races tout à fait primitives ou tout à fait dégénérées, et non des races demi-civilisées ou anciennement civilisées, qui ont leurs mœurs, leurs traditions et leurs institutions vivaces et agissantes. Ensuite cela eût répugné à son caractère, à tel point que lorsqu'il s'agit autrefois de procéder au *cantonnement* des tribus, l'opinion s'émut, qualifia cette opération de *refoulement*, et y fit mettre terme. Aussi bien enfin n'était-ce pas une simple colonie d'exploitation qu'elle avait entendu fonder, mais bien une colonie mixte de peuplement. Tant il y a, qu'après trois quarts de siècle de domination, il se trouve que les races arabico-berbères, loin d'être en régression, bien que leurs moyens d'existence aient diminué, accusent démographiquement un crû régulier.

Cela étant, la race française fusionne-t-elle avec ces races ? Non. Elle leur reste superposée, sans adhérence. Elle se leurre des préjugés que l'on sait. Toutes ses idées sur la question se bornent à ce proverbe d'une origine et d'une application contestables : « Faites bouillir dans une marmite de la chair de chrétien et de la chair de musulman, les deux bouillons ne se mêleront pas ». C'est un *non possumus* catégorique.

Ceci est grave. Car alors des deux éventualités possibles, il n'en reste plus qu'une : il n'y a pas de fusion entre les

aborigènes et nous; les aborigènes ne disparaissent pas;
c'est donc nous qui disparaîtrons, soit par le fait d'une autre
race conquérante, soit par le fait des aborigènes eux-mêmes.

Par le fait d'une autre race conquérante? On n'en entrevoit que trop l'éventualité. Qui ne connaît les races concur-
rentes qui nous guettent et qui, escomptant en Afrique les
grands partages du xxe siècle, se préparent déjà l'hégémonie
du monde!

Par le fait des aborigènes eux-mêmes? Qu'on ne se récrie
pas contre l'invraisemblance de cette autre éventualité, car
rien n'est plus possible qu'elle puisse se réaliser. De fait,
cette possession est précaire. Dans cette superposition de
deux éléments ethniques, un simple glissement peut déplacer
l'élément superposé. Nul n'ignore que nous marchons en
Algérie en vertu de l'impulsion acquise, c'est-à-dire que
nous vivons du prestige de la conquête. Mais déjà ce prestige
s'efface, les indigènes obéissent encore, ils ne respectent
plus. Pour assurer notre domination dans cette colonie, où
il y a à peine quatre millions d'indigènes, il nous faut une
armée de cinquante mille hommes, c'est-à-dire autant que
les anglais en ont aux Indes pour régner sur 250 millions
d'hindous. Et quand il s'est agi naguère de la réduction du
dix-neuvième corps, on a vu l'autorité militaire repousser
cette réduction sous peine de ne plus répondre de la sécurité.

Feignait-elle des scrupules exagérés?

On n'a plus le droit de le penser au lendemain de ces
troubles de la province d'Oran, causés ou prétextés par
des bagarres antisémitiques, et qui viennent de révéler en
même temps et la gravité d'un état latent que la plupart
ne soupçonnaient pas, et l'impuissance de notre corps
d'occupation à assurer l'ordre sur tous les points à la fois
du territoire. Nous en avons fini avec ce que nous serions
tenté d'appeler les insurrections militaires. Mais il ne faut
qu'un coup d'imagination de ces races éminemment impul-
sives pour déterminer une conflagration autrement redoutable. Jacquemont ne voyait dans les hindous que de la
« canaille » bonne à faire les affaires de la Compagnie des

Indes, et il riait fort des appréhensions de son père quand celui-ci parlait d'un soulèvement possible ; quinze ans après éclatait la terrible révolte des cipayes, qui mit l'empire des Indes à deux doigts de sa perte.

Nul ne sait ce que nous réserve l'avenir. Il semble que l'Afrique, semblable à la princesse endormie des contes orientaux, appartiendra à celui qui lui passera au doigt l'anneau promis et qui lui rendra sa première forme, c'est-à-dire son antique civilisation ; et elle dévorera tous les autres. Mais le présent est gros de l'avenir. Or, à cette heure, notre domination n'est pas encore fondée. Si elle disparaissait maintenant, il n'en resterait pas même autant de traces que de celle des Romains, des Vandales, des Byzantins, des Espagnols ou même des Turcs. Car les ruines et les vestiges de toutes sortes qui sont accumulés, comme les alluvions des âges, sur le continent lybien et que chaque coup de pioche en fait jaillir, sont un enseignement. Ce sol fabuleux a englouti déjà des dominations qui avaient des racines bien autrement profondes que la nôtre : la nôtre, colosse aux pieds d'argile, n'a pas plus de raison de prétendre à la pérennité. Ce qu'on appelle le fatalisme des arabes n'est au fond que de la philosophie pratique. Ils en ont vu passer bien d'autres que nous ; ils savent que tous finissent par passer : ils attendent. Au rebours du Dieu de saint Augustin, ils sont immuables parce qu'ils sont patients : *æterni quia patientes.*

Il faut avoir le courage de dire ces choses, et il faut quelque courage pour les dire. Car on s'expose en les disant à d'assez violentes récriminations. L'esprit colonial n'est pas toujours un bon esprit. Les européens qui vont aux colonies y subissent une influence de milieu qui ne leur laisse pas une vue très nette ni impartiale des réalités ambiantes : cette influence, par le contact avec les races indigènes, est même le plus souvent démoralisante. C'est là un phénomène bien connu. M. de Lanessan, qui l'a vu de près, l'a ainsi défini : « Les colons, dans leurs rapports avec les indigènes,

deviennent comparables aux enfants dans leurs relations
avec les animaux domestiques ».

Les algériens n'échappent pas entièrement à cette influence.
Il suffit d'ouvrir leurs journaux pour s'en rendre compte.
Récemment, dans une élection importante, un candidat
prenait pour plate-forme cette déclaration : « — Il y avait le
péril juif. Il est temps d'arrêter un autre flot qui monte,
l'*Arabe !* » Et en effet l'épithète d'*arabophile* est chez eux
un terme de mépris ; c'est un mot terrible, un mot-spectre
avec lequel on tue sûrement son homme.

En quoi, remarquons-le, s'implique une certaine contradiction, si l'on rapproche de cette tendance un autre
penchant du même esprit, celui qui incline à s'affranchir de
plus en plus de la tutelle de la métropole. Comment cela ?
il est aisé de s'en rendre compte. A Dieu ne plaise qu'on
évoque ici cet autre spectre, le séparatisme ! Le mot a pourtant été prononcé déjà. Tout en repoussant le mot, une
partie de la presse a préconisé un *self-government* dont les
revendications ne laisseraient pas de présenter un caractère
inconsciemment tendancieux. Et puis enfin il ne faut pas
perdre de vue qu'il y a à compter, dans la colonie avec un
redoutable élément étranger (il y a 211.000 espagnols ou
italiens pour 318.000 français), un élément sollicité par des
sugestions qui n'ont rien de commun avec notre loyalisme.
Or, qu'adviendrait-il si les colons européens, affranchis de la
tutelle de la métropole, mais privés de son secours, restaient
tête-à-tête avec leurs sujets indigènes ? Ceux-ci auraient bien
vite fait de se débarrasser d'eux ou de les absorber.

S'il était bon de dire toutes ces choses, ajoutons que le
témoignage qui en est apporté ici ne doit pas être suspect.
Certes, ce n'est point par un goût d'exotisme mal renseigné
que ce témoignage a été amené à se produire ; c'est encore
moins par la méconnaissance des efforts des colons, de leurs
déceptions ou de leurs griefs. Mais il n'était peut-être pas
mauvais, dussent les récriminations, et aussi les rancunes,
en redoubler, qu'un tel témoignage fût un témoignage algérien.

Toutes les fois en effet que certaines appréciations des choses algériennes se produisent, il a la coutume dans la colonie d'y opposer une facile fin de non-recevoir. « — C'est là, dit-on, un jugement de *roumi* qui n'a vu l'Algérie qu'en façade, à la Potemkin. Une plus longue expérience du pays modifierait bien vite ce jugement. »

Or, il se trouve que le présent témoignage échappe à cette objection, et qu'il a incontestablement le droit de s'exprimer au nom de cette expérience qu'on invoque. Pourquoi les algériens douteraient-ils de sa sincérité? Pourquoi le croiraient-ils inspiré plutôt par un inexplicable parti-pris que par la recherche du bien commun? Et de qui pourraient-ils, sans susceptibilité, entendre des vérités désagréables, si ce n'est d'un des leurs, autant que peut donner droit à ce titre le fait d'être né en Algérie, d'un père algérien, d'y avoir vécu le meilleur de sa vie, d'y avoir été mêlé aux affaires publiques, d'y avoir ses affaires privées, ses souvenirs, ses amis, de se réclamer du même amour du sol natal, et en somme, tout en s'efforçant de s'abstraire d'un préjugé originel, d'avoir en vue les mêmes intérêts?

Ce n'est pourtant point une idée de lèse-patrie que d'imaginer pour ses compatriotes un « esprit nouveau » qui serait simplement un esprit assagi, un esprit dépouillé de quelques préventions et de quelques exagérations, les yeux ouverts sur quelques-uns de ses défauts, tels que l'infatuation propre aux jeunes pays comme aux jeunes gens.

D'ailleurs, il ne faut pas le perdre de vue, deux éléments altèrent l'intégrité de la psychologie de l'esprit colonial en Algérie. C'est d'abord le mélange de l'élément étranger, par parties presque égales avec l'élément national. C'est ensuite l'apport des résidus sociaux de la métropole. Cet apport est d'ordinaire inévitable dans les colonies. Mais dans les colonies françaises, il est particulièrement encombrant et pernicieux, et cela par le fait de nos mœurs politiques. Ce n'est point tant contre l'immigration des enfants perdus de la mère-patrie que proteste depuis longtemps la colonie algérienne, que contre l'importation officielle des fonctionnaires, magis-

trats et agents, médiocres ou tarés, dont les ministères se
débarrassent en les lui envoyant ; elle a gravement à souffrir
d'une injuste solidarité avec eux.

Mais, à n'envisager que la psychologie de la race locale
proprement dite, au fond l'esprit algérien est moins mauvais
qu'il n'en a l'air et qu'il ne veut s'en donner l'air. Il y entre
plus de snobisme que de méchanceté ; c'est un esprit à fleur
de peau qui a le tort d'empêcher le bien plutôt qu'il ne fait
le mal. Les nouveaux débarqués l'affectent par une fanfa-
ronnade un peu puérile, pour se donner l'air de connaître à
fond les indigènes et les choses de la vie coloniale ; les
derniers venus renchérissent pour n'avoir pas l'air dupes ;
c'est une tradition qui se forme. Les bourgeois de la place
du Gouvernement, qui ne connaissent quelquefois pas plus
l'Algérie que des parisiens de Paris, ne veulent pas être en
reste ; et les politiciens exploitent le tout parce que c'est
leur métier, inconsciemment, de flatter le penchant public
et de le pousser où il penche. Mais tous les colons ne sont
pas arabophobes. On peut même dire que les vrais colons
ne le sont pas. Ceux de la première ou de la deuxième heure,
ceux qui, vivant au milieu des indigènes, les ont pris au
sérieux, ont appris leur langue et les ont traités comme des
égaux, sans jamais chercher à les opprimer ni à les tromper,
ceux-là ont une notion plus juste des conditions de la colonisation, et ils ne jettent pas le manche après la cognée en
criant à l'insécurité. Car c'est un fait à noter : il y a des
colons qui sont toujours volés et d'autres qui ne le sont
jamais !

Les algériens sont personnels, tranchants, choquants, sen-
sibles à l'excès à la plus légère critique. Ils professent la
plus verte intransigeance, et, ne regardant jamais au delà de
l'Algérie, ils ne se doutent pas des états d'âme de la métropole et ne se donnent pas la peine de subordonner leur
façon de voir à des vues supérieures. Mais il y a en eux des
vertus premières incontestables, des qualités natives de
spontanéité, de franchise et de générosité qu'il faut leur
reconnaître. Ils ont un vif sentiment d'indépendance, qui se

traduit souvent par quelque irrévérence à l'endroit des représentants ou des vieilles formes de l'autorité. Mais cette indépendance ne va pas sans quelque légitime fierté d'hommes libres. S'ils sont un peu brutaux, mon Dieu, c'est peut-être que la lutte pour l'existence se présente chez eux sous une forme plus saisissante qu'ailleurs, et plus concrète; et peut-être n'est-elle plus brutale que parce qu'elle est moins détournée et moins hypocrite que dans le vieux monde. Mais ils répugneraient à certaines vilenies du vieux monde ; leur sens moral est moins oblitéré par les misères de la politique ou par la surconcurrence sociale. Ils seraient incapables en tout cas des atrocités qu'ont à se reprocher d'autres peuples colonisateurs : ils seraient incapables des procédés d'élimination de la race indigène qu'ont employés, dans les deux Amériques, en Asie et dans la Malaisie, les colons anglo-saxons, hollandais ou espagnols; ils seraient incapables des procédés administratifs de la Compagnie du Niger ou de l'Etat libre du Congo. Ils n'ont pas dans leur histoire de pages sinistres comme celles où sont inscrites — *inde pudor et miseratio* — les missions de Barttot et de Stanley, la campagne du Matabéléland ou celle des Ilorins; et jamais un de leurs journaux n'a été jusqu'à écrire ces lignes, qu'on pouvait lire récemment dans un important organe australien :

« — Puisque les noirs ne sont utiles à rien et qu'ils sont au contraire nuisibles, ils devraient être traités comme des êtres malfaisants. Depuis qu'on s'avise de les protéger, ils deviennent pour les européens une plaie véritable. Nous conseillons donc à ces derniers de les massacrer sans pitié et de ne pas s'en vanter après, afin d'éviter les poursuites. Les indigènes apprendront ainsi à respecter les droits légitimes des blancs!»

Les algériens ne croient pas, eux, maltraiter les indigènes, et ils s'indignent de très bonne foi qu'on les en accuse. On les a vus, dans plusieurs cas, se montrer extrêmement sévères pour réprimer des actes de brutalité. M. de Varigny, qui a à sa disposition de nombreux termes de comparaison, a remarqué que rien en Algérie, dans l'attitude extérieure des indigènes, quand ils passent dans la rue et coudoient les

européens, rien ne rappelle la servilité craintive des hindous
dans les possessions anglaises, des nègres à Cuba, des
malais à Sumatra ou Bornéo.

En effet, et ceci est décisif, il faut bien croire que notre
race en Algérie ne persécute et n'opprime pas sérieusement
la race indigène, puisque celle-ci ne fond pas à son contact,
comme au contact de leurs envahisseurs fondent d'autres
races indigènes, et puisqu'elle continue au contraire à croître
et multiplier. En somme, l'indigénophobie, chez nos colons,
est moins aggressive que chez les colons des autres peuples
dominateurs, et l'on peut vraiment en penser que, à les
comparer à ceux-ci, ce sont encore les nôtres qui sont les
meilleurs.

La race algérienne compte d'ailleurs de libres esprits, qui
échappent aux passions locales et s'inspirent de principes
généraux. Ne comptât-elle que quelques hommes comme
M. Camille Sabatier, cette grande intelligence et ce grand
cœur, elle pourrait aspirer à la plus haute évolution. Déjà
se forment en elle de nouvelles couches politiques dont la
psychologie est favorable à une plus juste appréciation des
choses et à une plus exacte méthode. Mais il y a encore bien
à faire pour y parvenir : les qualités auxquelles nous venons
de rendre hommage sont des qualités individuelles : comme
toujours, c'est l'esprit de corps qui est funeste On n'en peut
pas moins espérer que l'esprit algérien arrivera à se libérer
de ce qui pourrait être une cause de faiblesse, un obstacle
et même un danger, pour l'avenir de la colonie.

On peut espérer qu'il comprendra que le *statu quo* ne
peut pas durer. C'est une question de vie ou de mort. Notre
race poussera des racines dans les races autochtones, ou elle
disparaîtra de leur habitat. La France, en Algérie, sera
fusionniste, ou elle ne sera pas.

Fusionniste, non pas, si l'on veut, jusqu'au croisement
des deux races ; mais au moins jusqu'au contact loyal, jusqu'à
la communion, comme nous l'avons proposé, dans un
minimum d'idées communes ; fusionniste jusqu'à prendre
dans la masse indigène des points d'appui et de pénétration,

et jusqu'à solidariser pour cela quelques-uns de ses éléments avec les nôtres.

La réforme que nous venons d'exposer pourrait être un premier pas, ou un pas de plus, dans cette voie ; car la mesure administrative sur laquelle elle repose ne tend à rien de moins, virtuellement, qu'à pénétrer l'âme arabe et à organiser la société indigène.

Tout s'enchaîne étroitement dans l'évolution : un progrès, si faible soit-il, détermine un progrès supérieur.

Déjà la première étape est franchie, si l'on suppose réalisée cette réforme. On en entrevoit le *processus* :

Les principales causes de conflit entre les immigrants et les indigènes ayant été supprimées, leur traditionnel antagonisme n'a plus autant de raison d'être. L'apaisement se prépare. L'idée de justice est née : c'est la base de tout le reste.

Simultanément, notre domination ayant trouvé dans les *autorités sociales* des indigènes un levier puissant, une seconde idée commence à se manifester chez eux, sous sa forme la plus juste et la plus efficace : l'idée de responsabilité.

Ils n'ont plus d'ailleurs, pour toute part à la chose publique, la parodie d'une assemblée délibérante appelée à gérer des simulacres d'intérêts. La vérité est partout maintenant : elle est dans la représentation municipale ; elle est dans l'homogénéité des intérêts en jeu ; elle est dans le budget, qui n'est plus faussé ; elle est dans la forme communale, qui n'est plus fictive. Et à cette idée de vérité se lie aussitôt celle de probité publique.

Ils ont retiré de leur accession aux affaires une ébauche d'éducation politique, une initiation à la vie sociale, en tout cas un grand effet moral. Ces affaires sont leurs propres affaires, celles qu'ils peuvent comprendre parce qu'ils les touchent du doigt. Ils y entrevoient certaines finalités : ils comprennent mieux l'utilité de l'impôt, maintenant qu'ils savent où va leur argent, et qu'ils en appliquent eux-mêmes la première part à leurs propres besoins. Ils vont comprendre l'utilité de l'épargne et de l'assistance mutuelle : l'idée de solidarité leur est apparue.

Ils ont enfin reconquis dans leurs djemâas la somme de liberté et d'autonomie nécessaire pour faire fleurir l'individualisme : l'individualisme qui au cœur des races primitives fut toujours le ferment de l'initiative et de l'activité.

La notion morale s'est ainsi, chez eux, accrue et épurée ; et dès lors, car tout se tient, ils tendent au progrès matériel en même temps qu'au progrès moral. Cette race a pris conscience d'elle-même : sa dignité humaine s'est élevée d'un échelon.

Voilà ce qu'a fait, du moins voilà ce que pourrait faire, notre réforme. Elle est donc un acheminement vers le but, une contribution au progrès. Elle apporte à l'œuvre de colonisation, c'est-à-dire de civilisation, que la France poursuit dans l'Afrique du Nord, un élément de force, une parcelle de vérité et de justice.

BIBLIOTHÈQUE NATIONALE IMPRIMÉS

FIN

ALENÇON, IMPRIMERIE A. HERPIN

Augustin CHALLAMEL Editeur, 17, rue Jacob, Paris

LIBRAIRIE MARITIME ET COLONIALE

FAUCON (Narcisse), *publiciste*

Le livre d'or de l'Algérie. Biographie des hommes ayant marqué dans l'armée, les sciences, les lettres, etc., de 1830 à 1889, *préface de M. le colonel Trumelet.* 1 vol. grand in-8° illustré de 12 phototypies. 7 50

DESSOLIERS (Félix), *docteur en droit*

Organisation politique de l'Algérie. Exposé, critiques et réformes. Vol. in-8°. 5 »

CHATRIEUX (Emilien)

Etudes algériennes. Contribution à l'enquête sénatoriale de 1892. 1 vol. in-18. 3 50

HANOTEAU (A.)   LETOURNEUR (A.)
Général de brigade   *Conseiller à la Cour d'Alger*

La Kabylie et les coutumes kabyles. Seconde édition revue et augmentée des lois et décrets formant la législation actuelle. 3 forts volumes grand in-8°. 25 »

AMAT (Docteur Ch.), *médecin-major*

LE M'zab et les M'zabites. In-8° accompagné de 4 cartes et de 2 tableaux 7 »

SEIGNETTE (N.), *interprète militaire*

Code musulman, par Khalil, rite malékite, statut réel. Texte arabe et nouvelle traduction. Fort in-8°. 25 »

ROBE (Eugène), *avocat à la Cour d'appel, ancien bâtonnier*

Origines, formation et état actuel de la propriété immobilière en Algérie, préface par Rodolphe Dareste. In-8°. 3 50

MENNESSON (Ch.)
Président du tribunal civil de Sidi-Bel-Abbès

Organisation de la Justice et du Nota.... musulmans en Algérie et législation applicable en Algérie a.. Musulmans. Lois, ordonnances, décrets, arrêtés, etc., promulgués sur la ma...ère de 1830 au 15 Mai 1858. Annotation et concordance des textes. Jurisprudence Tables générales chronologiques et alphabétiques. Tables chronologiques et alphabétiques dressées séparément pour chacune des régions de l'Algérie soumises à une organisation judiciaire spéciale. 8 »

Augustin CHALLAMEL Editeur, 17, rue Jacob, Paris

LIBRAIRIE MARITIME ET COLONIALE

FAUCON (Narcisse), *publiciste*

Le livre d'or de l'Algérie. Biographie des hommes ayant marqué dans l'armée, les sciences, les lettres, etc., de 1830 à 1889, *préface de M. le colonel Trumelet.* 1 vol. grand in-8° illustré de 12 phototypes.　　　7 50

DESSOLIERS (Félix), *docteur en droit*

Organisation politique de l'Algérie. Exposé, critiques et reformes. Vol. in-8°.　　　5 »

CHATRIEUX (Emilien)

Etudes algériennes. Contribution à l'enquête sénatoriale de 1892. 1 vol. in-18.　　　3 50

| **HANOTEAU** (A.) | **LETOURNEUR** (A.) |
| *Général de brigade* | *Conseiller à la Cour d'Alger* |

La Kabylie et les coutumes kabyles. Seconde édition revue et augmentée des lois et décrets formant la législation actuelle. 3 forts volumes grand in-8°.　　　25 »

AMAT (Docteur Ch.), *médecin-major*

LE M'zab et les M'zabites. In-8° accompagné de 1 cartes et de 2 tableaux.　　　7 »

SECCALDI (N.), *interprète militaire*

Code musulman, par Khalil, rite malékite, statut réel. Texte arabe et nouvelle traduction. Fort in-8°.　　　25 »

ROBE (Eugène), *avocat à la Cour d'appel, ancien bâtonnier*

Origines, formation et état actuel de la propriété immobilière en Algérie, préface par Rodolphe Dareste. In-8°.　　　3 50

MENNESSON (Ch.)

Président du tribunal civil de Sidi-Bel-Abbès

Organisation de la Justice et du Notariat musulmans en Algérie et législation applicable en Algérie aux Musulmans. Lois, ordonnances, décrets, arrêtes, etc., promulgués sur la matière de 1830 au 15 Mai 1888. Annotation et concordance des textes. Jurisprudence. Tables générales chronologiques et alphabétiques. — Tables chronologiques et alphabétiques dressées séparément pour chacune des régions de l'Algérie soumises à une organisation judiciaire spéciale.　　　8

www.ingramcontent.com/pod-product-compliance
Lightning Source LLC
Chambersburg PA
CBHW051726090426
42738CB00010B/2104